孩子的成功
离不开挫折教育

｜唐学芬 ○ 著｜

中国友谊出版公司

图书在版编目（ＣＩＰ）数据

孩子的成功离不开挫折教育 / 唐学芬著 . -- 北京：
中国友谊出版公司，2018.10

ISBN 978-7-5057-4470-7

Ⅰ . ①孩… Ⅱ . ①唐… Ⅲ . ①家庭教育 Ⅳ . ① G78

中国版本图书馆 CIP 数据核字 (2018) 第 181862 号

著作权合同登记号　图字：01-2018-5841

原著作名：《课本上没有，老师不教的 50 堂心理挫折课》

作者：唐学芬

书名	孩子的成功离不开挫折教育
作者	唐学芬
出版	中国友谊出版公司
发行	中国友谊出版公司
经销	新华书店
印刷	北京市兆成印刷有限责任公司
规格	710×1000 毫米　16 开
	13 印张　150 千字
版次	2018 年 10 月第 1 版
印次	2018 年 10 月第 1 次印刷
书号	ISBN 978-7-5057-4470-7
定价	45.00 元
地址	北京市朝阳区西坝河南里 17 号楼
邮编	100028
电话	（010）64668676

挫折是人生最好的礼物

什么样的孩子不会忧伤？不需要面对问题、从未经受挫折、凡事都称心如意的孩子不会忧伤。

作为父母，谁都希望让自己的孩子无忧无虑地过完一生，然而，这只是一种美好的期待。

遭遇挫折是人生必经的坎儿，那么我们就必须教会孩子学会经受挫折。与其一辈子替孩子遮风挡雨，不如让孩子自己去面对人生中的风雨。

19 世纪俄国著名作家屠格涅夫说："孩子想成为幸福的人吗？那么首先要战胜挫折。能战胜挫折、能吃苦的人，可以忍受所有的不幸，世界上没有跳不出的困境。"

为了让孩子以后能够幸福，父母不要心疼孩子所吃的苦。

在孩子还小的时候，培养孩子战胜挫折的能力，对孩子来说只是为未来的成功和辉煌积攒一点本钱。况且，孩子吃点苦、受点挫又算什么呢？凡是世界上有所作为的人，哪个没有吃过苦、受过挫呢？

其实，做父母的都明白，孩子想要在这个社会上立足，苦是一定要吃的，罪是一定要受的。与其面临苦难时措手不及、一蹶不振，与其在打击面前颓废哀伤、泪流满面，与其毕业后走到工作岗位上处处碰壁，不如早点让孩子把这些苦都吃一遍，把不能避免的挫折都经历一遍。

早一点让孩子体会这些，可能所引发的一系列正面而积极的连锁反应，远超孩子的预期。

毕竟，孩子不可能永远生活在父母的庇护之下，社会不可能像父母那样去娇宠他、宽容他，毫不计较地接纳他。父母不舍得让他吃苦，可社会舍得，生活舍得。

既然迟早都要吃苦，迟早都要独自面对生活的磨难，为什么不从现在开始，就教他如何坚强，如何自立，如何忍耐，如何有韧劲呢？

张爱玲说："出名要趁早。"父母们也要明白一个道理：吃苦要趁早。早一点让孩子理解苦难的意义，懂得在苦难中成长，远比给他留下的那些存款、房产和汽车来得更有价值。

当然，强调让孩子经受挫折，让孩子早吃苦，并不是说孩子吃的苦越多越好，也不是说孩子吃过苦，将来就一定会成功，而是提醒父母们不要刻意去避免孩子受苦。在该吃苦的时候没有让孩子吃苦，最后伤害的还是孩子自己。

台湾有一句很流行的话：吃苦当吃补。很多父母认为孩子只要好好读书，将来就会有出息，但对于孩子来说，人生需要经历很多事情，学习只不过是其中的一种。如果父母怕孩子遭遇挫折，帮孩子把学习以外的事情都做了，就等于让孩子失去了学习和自立的机会。

著名的心理学家马斯洛说："挫折对于孩子来说未必是件坏事，关键在于他对待挫折的态度。"

孩子总要长大，学着独自去面对形形色色的人和各种各样的事，如果不具备机智灵活的头脑和坚强乐观的性格，一次小挫折就可能把他击倒，从此与忧伤为伴、与痛苦为邻，那时，父母可能就要悔之晚矣！

不如从现在就开始，让孩子学着来独自解决问题，试着让孩子去勇敢面对挫折，这才是还原给孩子的真正的成长之路，也是每个人的人生都要经历的过程。

　　我们并不提倡故意制造挫折来打击孩子，也不是让父母在孩子遇到问题时袖手旁观，而是通过罗列孩子成长过程中可能会遇到的50种主要问题，以真实事例来探讨最佳的应对方案，供家长们参考。这些问题既有家庭中会发生的，比如：父母不合怎么办、如何面对亲人去世的打击等；也有学校里会发生的，比如：讨厌老师怎么办、如何面对同学间贫富差距的问题等；更有面对纷乱社会时的自我保护方案，比如网恋问题、遭遇坏人时自救的方法等。

　　不回避生活中共同存在的问题，给孩子一个真实的成长环境，并用成人的智慧和父母的爱心陪伴孩子度过一关又一关，让他们小小的心灵遇到忧伤而不伤感、遭遇挫折而不畏惧，直至生活可以得心应手，心灵更加宽广健康。

在忧伤背后，遇见最美的意外

在一次亲子活动中，听到一位妈妈这么说："我的孩子依赖心太强了，一点都不独立，完全受不得半点委屈，想要什么就一定要给，一不顺心就又哭又叫。有时也想过要给他吃点苦头，可又觉得毕竟只是个孩子，狠不下心来；想要给他点'颜色'看看，又怕影响他的心理成长……"看起来这位妈妈很是苦恼。其实，可能很多家长都有这样的想法，而我认为是他们并不理解真正的"爱"和"挫折"。

可怜天下父母心，为了"爱"孩子，每个做父母的辛苦打拼、竭尽全力，就是为了给孩子铺就一条"阳光大道"。尽管现在越来越多的家长也意识到了溺爱孩子的危害，而一些家长却认为批评、罚站、谩骂甚至动手打，让孩子服软就是挫折教育。

我的高中同学安妮是一位全职妈妈，每天的生活重心就是她的宝贝儿子伊恩，我曾经在她家看到过这样的场景：

吃午餐的时候，我们都已经在餐桌旁坐好了，伊恩好像对吃饭无动于衷，依旧专心致志地玩他的游戏机。

"该吃饭了，怎么还在玩儿？我今天做了你最爱吃的白萝卜炖排骨。"

"我不想吃炖排骨，想吃可乐鸡翅。"

"先吃午饭，下次再给你做。"

"不要，我就要吃鸡翅。"

"你这孩子越来越不听话！今天有客人在，哪有孩子像你这样的！"

"我就不喜欢吃排骨！"

"把你送到非洲的埃塞俄比亚去，就知道排骨有多好吃。那里的孩子什么都没得吃，很多孩子都饿死了。"

"我才不去，要去你去！"

"你还顶嘴，真是越来越不像话！快吃，再不吃我就揍你！"

孩子"哇"的一声大哭大闹起来……

显然这顿饭我也没有兴趣再吃下去，只能一边安慰孩子，一边劝慰同学。当然，最终的结果是什么已经不重要，但像安妮认为的那样：孩子挑食，只要饿他一顿甚至揍一顿就能乖乖吃饭是行不通的，因为问题不会那么简单。现在的孩子特别能揣摩家长的心理，只要自己这顿不吃，下顿肯定得想办法让自己吃。别说鸡翅了，鱼翅都得想办法弄来。所以，这种"想当然"不但很难生效，往往还会加重孩子的逆反心理。

那么什么才是真正的挫折教育呢？挫折教育就是还原生活的本来面目，顺其自然地让孩子明白生活中的顺利与挫折、痛苦与快乐。父母的作用既不是为孩子铺就一条坦途，也不是一味地制造坎坷，而是给孩子自然生长的环境，陪伴他走过人生道路。

有位哲人曾经说过：成长是一个人蜕去幼稚浅薄的蛹衣，生出美丽蝶翼的过程。蜕变是痛苦的，是成长过程中不可逾越的现实，也是我们人生的必经之路。因此，要让孩子认识挫折，感受到挫折的客观存在。

但不可以打击孩子，挫伤孩子积极性；让孩子懂得挫折的附加值和意义比挫折本身更重要；孩子受挫后，父母不要用指责甚至谩骂的态度在孩子"伤口"上再撒把盐，应帮助孩子用理解的态度面对挫折并解决问题。

所以，从这个意义上来说，学会克服挫折才是每个父母教会孩子的必修课。

【目录/CONTENTS】

第二章　　人生就是一场游戏，参与了就是胜利——

挫折教育能够激发孩子学习中的潜能，让孩子更优秀

第三章　　经历的越多，幸福的回忆也越多——

挫折教育能使孩子真正享受生活带来的喜悦

第四章　**在这个充满竞争的世界里勇敢地前行——**
挫折教育能够使孩子更好地适应现代社会

将来的你，一定会感谢现在所吃的苦

——挫折教育能让孩子的内心更强大

第1堂课：现在吃苦，日后是福
——人生教育要从"挫折课"开始

有位美国儿童心理学家曾经说过："一般拥有幸福童年的人常常会拥有不幸的成年。"这句话看上去貌似莫名其妙，其实却不无道理。

当今社会复杂多变，人际关系也相当复杂。不管你多么"爱子情深"，他总有一天会走上社会，面对这五花八门的世界。从小娇惯的孩子更不能适应这个社会，他们往往在面对一点点小挫折时就垂头丧气、怨天尤人，不会乐观面对困难与挫折，更不会直面自己的错误。

因此，无论是学校还是家长，都应该适当地对孩子进行挫折教育，或设想一些适当的挫折考验，从中观察和了解孩子的种种生活态度与面对挫折时的态度。之后进行分析，再与孩子一起寻找对策，在默默地对孩子进行挫折教育的同时，也不会让孩子有太多压力，从而训练孩子坚强乐观的性格。

而挫折教育也是一门艺术，要想让你的孩子不抗拒，那么你的课程就要生动活泼一些，让你的孩子得到教育的同时，也能感受到你的爱和赞美。

杨静慧是个性格文静而又带着点孤僻的小女孩，和大多数孩子一样，喜欢漂亮的衣服、鞋子和洋娃娃等美丽的东西。

杨静慧生日那天，妈妈送了她一双红色的小皮鞋，小皮鞋上还有一朵小巧的蝴蝶结。她高兴得手舞足蹈，第二天就穿着去上学了。当天晚上，放学时间过去了很久，可迟迟没看到杨静慧回家，妈妈急得团团转。刚想到学校去找，就看到她哭着进门了。杨妈妈一看，发现她是光着脚丫进门的，大吃一惊。杨静慧一下就扑到妈妈怀里大哭道："妈，我的鞋让人偷走了。""你告诉老师了吗？""告诉了，老师找了一下午都找不到。"原来，下午上体育课的时候，杨静慧把小红皮鞋脱了放在操场边上去玩了，下课的时候就发现皮鞋不见了。妈妈安慰了她一个晚上，她才乖乖地上床休息了。

可第二天晚上，杨静慧还是迟迟没有回家。妈妈急了，跑到学校找她，只看到杨静慧一个人在校园里走着。那天很冷，她一个人摇摇晃晃地走在操场上，路灯把她的影子拉得很长，她时不时在草地或是垃圾筒里翻找着，瘦弱的背影让人心酸。杨妈妈跑了过去，把孩子搂到了怀里。杨静慧抬起头，眼里充满着疑惑和愤恨。她低声道："老师今天没再帮我找鞋子，也不再管我丢掉的东西。别人偷了我的鞋，我也要去偷别人的鞋！"看着杨静慧伤心的样子，妈妈只能低声安慰她。

一开始，杨妈妈以为她只是在说气话。谁想到，接下来的几天，杨静慧依旧沉默寡言，连最爱看的明星音乐会也不看了，眼睛里总是透出丝丝的敌意和不满。这时候，杨妈妈才意识到了事情的严重性。这不仅仅是丢了一双皮鞋那么简单，更多的也许是一个没有承受能力的孩子失去了对他人的信任。

孩子在成长的过程中大都会遇到类似的问题：自己喜爱的东西突然不见了，莫名其妙地就遭受了一些损失，或是自己原本所信任的某个人或是某件事与自己的理想状态出现了较大的偏差的时候，这样会产生一种类似于"仇恨""疑惑"的心理，开始去否定周围的老师或同学，甚至会想到用行动去"报复"。

这种想法是不利于孩子健康成长的，当孩子丢失了一些"美好"的东西时，不应该把美好的品德也丢失。

杨静慧后来在和妈妈的交谈中也渐渐释放了自己的心情，因为她认识到了几点：首先，是因为自己没好好看管自己的鞋子，所以导致了鞋子的丢失。其次，老师和同学们都有给予自己帮助与安慰。再者，应该用积极的心态去面对挫折，才可以更好地解决问题。最后，遇到不顺心的事，不要急着抱怨，而是先从自身找原因。

经过这件事，杨静慧变得成熟了。她得到了两项珍贵的收获：一是勇于面对挫折，二是建立了凡事先从自身做起的意识。

心灵透视镜：

杨静慧这种遇到困难就想逃避，甚至想要对社会进行一些报复行为的心理，在青少年中有很多。因为这个年纪的孩子刚好处于叛逆期，当他们觉得有人做了对不起自己的事时，就会将情绪表现得很明显。因此当青少年们产生这样的心理的时候，家长要主动地与他们沟通，情绪上得到缓解后，才可以有效地解决问题。

第 2 堂课：要吃有甜头的苦
——挫折教育不等于吃苦教育

志明是个沉默寡言的孩子，虽然常常与班上的同学玩不到一起，但是学习成绩却一直不错，每次班级排名都能在前三名。

志明的父母对他的期望也很大，每年寒暑假都会给他报好几个补习班，并总是这样对志明说："让你多吃点苦也是为了你将来有出息，不要总想着出去玩，学生的本职就是要好好学习。"可志明的父母却忽略了志明望着窗外小伙伴们玩耍时，眼睛里充满的那些羡慕和失落。

今年期中考试结束，志明考了第二名。他兴高采烈地回到家，认为爸爸妈妈一定会因为自己取得了好成绩而高兴，说不定还能得到他们的表扬呢。可是，当爸爸看到志明的成绩单后，却皱了皱眉头问道："为什么没拿到第一名呢？"志明张了张嘴，想要说什么，又咽了回去，垂头丧气地回到房间。

晚上，志明躺在床上翻来覆去睡不着，他本来快乐的心在这一刻变得很灰暗。他想不明白，自己每天认认真真做功课，为什么就是得不到父母的一句赞扬呢？是不是父母因为自己做得不好，而不爱自己了呢？

从这以后，志明变得更加沉默了，总是一个人闷头坐在那里埋头苦读，连老师都认为志明太用功了，就劝他出去和同学玩一会儿，他却不肯听。

转眼，期末考试到了。

考试的前几天，志明睡不安稳、食不下咽。他希望这次能拿到第一名，好让自己的父母满意。

谁知，种种顾虑和担忧，终于让志明在考试的当天晕倒在考场上。志明的父母匆匆赶到医院，望着儿子痛哭失声。医生对他们说，志明就是因为压力太大，又得不到很好的舒缓才晕倒的。

志明出院回到家后，无意间听到了父母的一段谈话："我们只是想着让孩子吃点苦，努力读书，把玩的时间多用在学习上，是为了孩子的将来好，可是现在却因为压力过大晕倒了，唉……""这孩子不能理解我们的苦心啊……"听到这里，志明哭着走到父母跟前说："爸、妈，我一直都在好好学习，每天晚上都是看书看到很晚才睡觉。别的同学都有寒暑假，可我每次放假都得去补习。我知道你们是为了我好，可是我每次考完试却得不到你们的表扬，我觉得你们一点都不爱我。"志明的父母听到儿子这么说，顿时惊呆了，他们怎么都想不到，志明竟然以为他失去了父母的爱。

当晚，志明的父母与他谈到很晚，大家把心里的想法都摆出来交流。

最终，三个人的心都豁然开朗起来。

志明的父母也意识到：和孩子及时沟通是多么重要啊！

在现实生活中，很多家长都与志明的父母一样，认为所谓的挫折教育就是让孩子多吃点苦，甚至有的家长为了考验孩子的承受力，争先恐后地送孩子去参加各种吃苦夏令营，或是故意给孩子制造一些困难。但在孩子经历了挫折后，却没有及时帮助孩子分析该以怎样的心态去面对；而当孩子取得成功后，又怕表扬和鼓励会让孩子骄傲，所以冷漠地对待孩子的成功。这样的成长环境下，孩子只会产生"我是不是不行"的心理。

"吃苦教育"不等于挫折教育，有很多挫折本来是不应该有的，有时孩子会被家长"制造的挫折"彻底打垮。孩子因为接受能力、年龄等所限，达不到父母的要求，就认为自己很失败，父母的期望值越高，孩子的挫折感就越强，甚至有的孩子因为受不了而发生性格扭曲。

　　这样人为制造的挫折不会教育好孩子，反而可能伤害孩子。

　　当孩子遭受挫折后，作为家长，正确的做法是：培养孩子面对挫折时无所畏惧的自信心，以及提高受挫时的恢复能力。

　　其实，挫折教育就是要培养孩子寻找幸福的能力，这样才会让孩子在任何挫折面前能泰然处之，永远乐观。

心灵透视镜：

　　作为父母，我们总是忘记自己已经是个成年人，不能站在孩子的角度考虑问题。

　　我们不能说吃苦好就让孩子经历一些莫名其妙、没头没脑的苦，也不能因为我们觉得吃苦好，就单纯地把吃苦当作目的。

　　让孩子在吃苦中经历一些坎坷磨难，让孩子在吃苦中明白坚持的魅力，让孩子在吃苦中体味人世的艰辛，让孩子在吃苦中拥有敢于拼搏的勇气，让孩子在吃苦中把人生演绎的多姿多彩，这才是真正的吃苦。

　　吃苦的意义在于，让孩子在吃苦中学会成长，而不是以成长为代价让孩子吃苦。

　　希望通过上面这个事例能让家长们明白：挫折不是人为制造的吃苦，也不是简单的责骂和施压。有的时候压力比溺爱更可怕。

第3堂课：成长比成功更重要
——失败的经验是人生的营养

美国心理学家罗森茨威格给挫折承受力的定义是："抵抗挫折而没有不良反应的能力"，即个体适应、抗御和对付挫折的能力。

生活在当今社会，我们不断体验到的两件事是：成功和失败。而所有的成功者都须经历孤独、屈辱和失败，这就是所谓的失败是成功之母。

每个人的成长都难免碰到或大或小的障碍、伤害、痛苦，以及困窘难堪的场面，因而感到挫折、冲突和焦虑。而挫折的本身并不是导致情绪障碍的原因，对诱发事件所持的看法、解释、信念才是引起人的情绪和反应的直接原因。所以，当孩子面对挫折而产生负面情绪的时候，作为家长的我们就要做好正面的引导工作，带领孩子走出错误的情绪。

孩子是否经历过这样的心理：一、在孩子满怀信心地去做某件事情后，结果却是失败的，就会立刻产生一些想法，如"我是不是很失败呢？""这样做一定会给我带来很不好的后果吧？"大致地说，就是对挫折产生的原因、造成的后果的认识。二、某天和同学们一起玩游戏的时候，发现自己远不如同学们玩得好，觉得自己反应太慢了，或是领悟得太慢了，于是干脆就放弃了玩那个游戏。三、和同组的同学一起做某个实验，当这个实验失败后，不先从自己身上找原因，而是责怪其他同学，这不仅对挽回错误没用，还伤害了同学之间的感情。

其实孩子在成长的过程中，怀抱着很多很多的梦想和希望。孩子希望能通过自己的努力与追求而将其变成现实。当这些梦想和努力经历过几次失败后，就会产生挫折感，甚至失去了安全感。

其实人们的勇敢多取决于他的安全感，安全感越充分，人们就越乐于去挑战自我。对青少年而言，最值得信赖的就是自己的爸爸妈妈了，父母就是形成他们安全感的重要基石。

晓梅是班里的运动健将，每年学校举行的运动会上，她都能代表班级拿到短跑和跳远的冠军；再加上晓梅生性开朗、乐于助人的个性，使她在同学中很有人缘。

转眼，今年的运动会开幕了，晓梅参加的短跑项目就在运动会的第一天。当天，晓梅穿着红色的运动服、白色的运动鞋，扎着马尾辫，阳光把她的笑脸印得红通通的。她在跑道边上做热身运动时，同学们都大声地为她加油，而晓梅也在心里暗暗地对自己说："我一定要拿第一名！一定可以的！"随着裁判起跑的枪声一响，晓梅像箭一样冲了出去。转眼就跑了一大半了，晓梅还是在第一位。不料，一位穿着蓝衣的选手冲了上来，竟渐渐超过了晓梅。晓梅心里一慌，脚一滑，重重地摔到了地上。老师和同学们一下围了过来，校医也来了，背着晓梅往校医室跑去。因为这一摔，晓梅的膝盖和手臂都出了血，冠军自然也就失之交臂了。

因为短跑的失败让晓梅很伤心，于是她向老师提出退出接下来的跳远比赛的要求。晓梅的这种心理就是"逃避困难"的心理。她在经历了一次失败后，感到了害怕，没有了安全感，于是选择了放弃。

心理学上认为，挫折是"当个人从事有目的的活动受到障碍或干扰时所表现的情绪状态"。

在孩子成长过程中，会遇到各种挫折，即所谓的"碰钉子"，这些挫折都是不以人的意志为转移的。世上的事情往往都是这样的：成果未就，先尝苦果；壮志未酬，先遭失败。

在面临挫折，遭遇失败的时候，要让孩子知道，目标越高，越是好强上进，越容易遇到和感受到挫折，而拒绝挫折，就等于拒绝成功和成长。

当遭遇失败后，不要急着否定自己，而是要先找出失败的原因。例如，晓梅这次的失败，会不会是太紧张呢？又或是前一天晚上没有睡好？找出了原因，对症下药，把这个心结打开，才能放松心情参加下一场比赛。另外，不要急着为一件还没有做的事下定论。你今天跑步输了，不代表明天就会输，只要你勇敢地面对，全身心地去做，那么胜算就一定会大。

作为家长，当孩子失败了，不要骂孩子笨，应该鼓励他继续努力，告诉他不要盲目自卑或盲目不服气，要正面鼓励，要他认识到自己的能力所在，缺点所在，建立自信心和百折不挠的刚毅个性。这比取得一百个成功更重要。

值得注意的是：如果孩子在童年时期没有面对挫折的经验，长大以后无法更好地战胜挫折。所以，挫折教育越早开始，孩子的逆商就越高。

心灵透视镜：

　　青少年的内心是需要肯定的，特别是遭遇失败后，会很害怕接下来的否定或是冷嘲热讽。在失败后，他们会开始怀疑自己的能力，甚至会放大失败后产生的后果：是不是同学们会嘲笑自己了，或是父母们是不是会失望了，等等。因此，在这种时候，父母们要先及时给予孩子肯定，告诉孩子："你虽然这一次失败了，但你还是很棒的，你还有成功的机会。"让孩子先发泄自己的情绪，然后再引导孩子找出失败的原因，让孩子不再害怕失败，更好地迎接下一次挑战。让他们知道，挫折不可怕，失败不可怕，可怕的是失去信心。

第4堂课：为什么受伤的总是我

——面对挫折，最要不得"受害者"心理

文学家梭罗说过一句话："你怎么想自己，也就决定了你的命运。"当你觉得自己倒霉而开始意志消沉时，成功、快乐、美好的事物也必将渐渐离你远去。

前面3堂课，一开篇就给大家讲了那么多大道理，一定闷坏了吧？那么，不如这节课，我们就来听一听几则捣蛋男生们的故事吧。这样的男生，应该都生活在我们的周围。他们调皮捣蛋，却心地善良，弄出来的一些恶作剧常常让我们哭笑不得。

小刚是顽皮的高二学生，当然他和很多这个年纪的学生一样有着一群好朋友，也就是他们口中所说的"铁哥们儿"。平时一起上课，下了课一起打球，吃饭的时候也会围在一张桌子上谈论着班上严厉的女班委们。小刚所念的高中是半封闭式教学，每周六早上才可以离校回家。因此每到周六，这群男生们就像猴子一样冲出校门，四处去玩。

周四下了晚自习后，小刚的好哥们儿之一李华就神神秘秘的把大家聚到了一起，很兴奋地对大家说："明天晚上附近的电影院有一个片子上映，我叔刚好给我送了几张票，明天不用就过期了，不如明天晚上我们偷偷溜出去看吧？"这群调皮的孩子一下就乐开了，纷纷表示同意，而小刚在宿舍熄了灯后仍兴奋得睡不着。

第二天，小刚一早就让起床铃声吵醒了，迷迷糊糊的拿着水杯要去漱口，竟不小心撞到墙上，水杯掉到地下碎掉了。小刚看着碎掉的水杯，随即冒出一句话："怎么一大早就那么倒霉啊！"当时不以为意，急匆匆地换了杯子洗漱好后就去做早操了。后来发生的事就更让小刚郁闷了：在他跑去操场的路上，球鞋的鞋带居然开了，差点把他绊倒；因为心情太过恼怒，回宿舍时又一下撞到门板上了。

一进宿舍门，小刚就一屁股坐在床上，嚷嚷道："我今天怎么那么倒霉？真是太奇怪了！"好朋友们还和小刚打趣，笑他是不是出门的时候不小心踩到狗屎了。小刚一天的心情都变得很糟糕，只到快下自习的时候才突然兴奋起来："嘿，马上就可以溜出去看电影了！"

随着下课铃一响，几个男生就箭一般地冲出教室，往后操场跑去。那里有一个很低的围墙，他们只需要在脚上垫几块砖，再往上一爬，就可以神不知鬼不觉地翻墙出去了。小刚是几个好朋友里个子最高的一个，因此他负责殿后。把同学们一个一个都扶上墙后，正想自己也翻墙出去，却看到校保安走了过来，小刚心里一慌也不敢动了。校保安走过来，看到小刚站在墙角下，疑惑地问小刚：为什么下了自习还不回宿舍。小刚只得撒了个谎，说自己有东西掉在这儿了，过来找找看。校保安看了看小刚，没发现有什么不妥就走了。

第二天早上，小刚没等室友回来就回家了。回到家，表哥刚好到小刚家里来玩，看到小刚垂头丧气地，闷声和他打了一声招呼，就窝在沙发上苦着一张脸看电视。表哥走过去问："怎么了小刚，垂头丧气的？"小刚素来与表哥要好，有什么秘密都愿意和他分享，于是一五一十地把自己昨天一整天的"倒霉事"说给了表哥听。表哥正要开导小刚，就看到小刚的妈妈进门了。

小刚的妈妈一进门就对小刚说道："我刚才遇到李华的妈妈了。他妈妈告诉我，李华昨天晚上从学校翻墙出去看电影，回来的路上遇到一群人在打架，他在一旁看热闹，让打架的人误伤了，还好伤得不重。学校知道了这个事情，在追查呢。"小刚听完，一下就呆了，又急又慌：既担心好朋友李华的伤势，又担心学校追查起来会不会知道他当晚也是要翻墙出去的学生，一句话就冲口而出："李华怎么比我还倒霉啊！"看到小刚神情古怪，小刚的妈妈便追问原因，小刚这才把事情和盘托出。

小刚并不觉得自己做错事了，他只是觉得自己和朋友们真是倒霉透顶了，怎么会遇到这样的倒霉事。

其实李华的倒霉和小刚的倒霉，根本原因就是因为他们想违反校规在先，才导致了这一连串的后果。因为小刚知道第二天就要逃出校门去看电影所以晚上睡不着觉，早上才会迷糊地打翻杯子，接着这个懊恼情绪就一整天跟着他，让他受到更多的阻力，于是倒霉的一天就那么产生了。倒霉不是根本，最根本的是引发"倒霉"的事件与"倒霉"事件发生后的情绪的控制。

当挫折来临的时候，我们首先要教孩子控制自己的情绪，最重要的是要转变意识，纠正心理错觉。引导孩子想开一点，不要总想着"唉，为什么倒霉的总是我？"换个角度来想一下：为什么倒霉的事情可以发生在别人身上，而就是不该发生在自己身上呢？要先在倒霉的情绪中找到一份乐观，想一想"也许事情本来可能会更糟糕""也许还有比我更倒霉的人呢"，仅仅是转念一想就足以让自己对目前的境况释怀。毫无疑问，人的一生有很多美好而快乐的事，但同时也有许多糟糕而烦恼的事。但从来都没有一种力量只把好事给你，而不让坏事和你沾边。

心灵透视镜：

　　我们将青少年的这种觉得"为什么受伤的总是我"的情绪总结为灰色记忆储蓄。这样的情绪会导致他们的自我认知出现偏差，认为自己总是遇到倒霉的事，前途黯淡。其实，大部分人的生活都是痛苦与欢乐共存的：再普通的小人物，也有被关怀的快乐、被疼爱的幸福。只是，乐观的人想的大多是快乐的事，而悲观的人重复记忆的都是曾经的倒霉与烦恼。控制好你的情绪，正确的面对挫折和失败，你就学会了掌控生活的方法。

第5堂课：挫折是人生最好的礼物

——激发孩子的"抗逆力"

有这样一个寓言故事：两只肚子饿了很久的青蛙一起外出觅食，一不小心就掉进了路边小孩扔的还装有半瓶牛奶的纸罐里，这只牛奶罐，足以让小青蛙们遭遇到灭顶之灾。

其中稍微大一点的青蛙在想：完了，完了，这下全完了，这么高的牛奶罐啊，我永远也爬不出去。于是，心里一凉，它很快就沉了下去。

另一只小青蛙看见大青蛙沉没在牛奶中，并没有被吓倒，而是对自己说："我有坚强的意志和发达的肌肉，我还没有在这灿烂的阳光下生活够呢，我一定会跳出去的！"它时时刻刻都鼓足勇气，一次又一次奋起跳跃——将生命的力量用在每一次的搏击和奋斗中。

不知跳了多久，它发现脚下的牛奶变得坚硬起来。原来，经过它反复的践踏和腾跳，已经把液状的牛奶变成了奶酪，使它成功地跳出了牛奶罐，而那只不敢奋争的青蛙却永远留在了奶酪里。

当孩子遇到困难和挫折时，应鼓励他们勇于面对、树立信心、永不言败，只有这样才能看到希望。坚持，再坚持，直到走出困境，取得成功！

星期五下自习课前，班主任王老师一走进教室，就发现班里乱成了一锅粥。而班长王芳则含着泪水站在讲台上，小脸憋得通红。同学们看到班主任走进教室，都安静了下来。王老师经过询问才知道，原来是因为班长王芳在安排下一周的值日任务时，有些同学对王芳的安排不是很满意，所以才引发了一些争吵。在弄清楚了来龙去脉后，王老师进行了调解，把刚擦干眼泪的王芳带进了办公室。

一进办公室，王芳就说道："老师，我想辞职，不想做班长了，我没有信心管理好同学们。"声音虽然小，却很坚决。"就因为这次和同学之间的矛盾吗？"王老师询问道。老师这样一问，王芳的眼泪又流了下来，一脸的委屈和不甘，不停地用手去擦脸上的泪水。王老师先让王芳稍微平复了一下心情，接着问道："你自己认为你在这次值日的安排上有没有做到公平公正呢？"王芳点点头。"那么在轮到你自己值日的时候，你有没有做到以身作则？"老师又问。"平时只要是轮到我值日，我都是第一个来到教室的，认认真真把工作做好，从来没有偷过懒，但是今天同学们……"说到这儿王芳又要哭了。王芳心里想：为什么同学们不喜欢我呢？我平时工作已经那么努力了，还是得不到同学们的谅解，真是太委屈了。也许我并不适合做班长吧，我太失败了。

接下来，老师的一番谈话，让王芳明白了一个道理。王芳的心里难受是肯定的，可是既然觉得自己没有做错，为什么选择逃避呢？正因为平时她工作认真负责，在以身作则的同时还能管理好班里的班务，所以同学们才会在选举班长时把宝贵的一票投给她，这就是对她工作的肯定了。如果现在遇到一点小小的挫折就失去信心，表示要放弃，那之前的努力不就都白费了吗？做生活的强者还是弱者，只是一念之间的想法。

王芳经过一晚上的考虑后，第二天早上来到学校就进了王老师的办公室，坚定地说道："老师，我不辞职了！接下来我会更努力地做好班级工作的！"王老师会心地笑了。王芳在回教室的路上，暗暗给自己下定了决心：下次再遇到挫折的时候，决不退缩，要充满信心地面对生活！

面对人生中的逆境，人们既要有耐挫折的能力，也应该有排挫折的能力。

相较于挫折教育，心理学上更提倡"压弹"教育，来促进孩子的心理成长和人格完善。

压弹原本是一个物理学的概念，泛指物体在受到压力的时候会出现的反弹。运用到心理学的领域上，有人将之翻译为"抗逆"或者"反弹"。这个概念很好地表达了人在遭受到生活的压力和挫折时候的抗耐能力，也就是反弹能力。简单来说，压弹就是个人面对现实生活中的悲剧、伤痛、逆境、威胁及其他的不良情境时候，能够很快适应并且做出回应的能力。换句话来说，这种能力代表了一个人面对生活中的逆境，他的耐挫折能力和排挫折能力的高低。

最近，心理学研究上还有一个"挫折承受力"的概念，叫作人的"抗逆力"。心理学家在做了大量研究后发现，一个人的抗逆力至少包括了四个方面的元素：

1. 良好的自我形象，包括接受自己，了解自己，有自尊，有自信。

2. 有归属感，可以从别人那里得到支援和理解。

3. 有一定的处理问题的能力，可以有效地解决生活中遇到的困难。

4. 保持对生活乐观积极的态度，在挫折中也可以看到希望。

由此可见，一个人的挫折承受力包含的因素很复杂，不是仅仅让孩子吃些肉体上的苦、受些累就可以短期内培养起来的。相同强度的挫折，为什么有些人可以顺利度过，有些人却挺不过来？顺利度过的人不一定过去就吃了很多的苦，挺不过来的人也未必就一点苦都没有吃过。在这种差异的背后，真正在起作用的其实是一个人的心理素质。

一样是考试失利，那些心理健康的孩子，敢于将自己的负面情绪表达出来，可以找到人来分担自己的忧愁；乐观的孩子，虽然偶尔也会情绪低落，却很少会做出极端的行为；而那些不接受自己的样子，没人倾诉，没有归属感，又不懂得如何改变现状的孩子，很容易就会在挫折面前感到绝望，从而做出让人心痛不已的决定。

当今社会充满了挑战和风险，我们的孩子随时都有可能面临着挫折。在这种情况下，爸爸妈妈除了培养孩子挫折承受力之外，还有一个重要任务就是培养孩子遭受挫折之后的自我恢复能力。积极乐观的孩子并不是没有痛苦，但他们可以很快从痛苦当中解脱出来，重新振作，积极面对生活。因此，爸爸妈妈应该认真地培养孩子"于黑暗中看到光明"的技巧。在这一点上，大人自己对待生活的态度在很大程度上影响到孩子的挫折恢复能力。

悲悲切切、斤斤计较、患得患失的父母常常会教导出同样性格的孩子。家长是孩子的精神支柱，因此不要小看任何生活中的小事。好的家庭教育应该是让孩子在潜移默化中学习心胸如海，而不是在一点一滴的灌输中学会计较一时的得失。没有一个孩子是可以毫无挫折地长大的，也没有一个孩子不用面对挫折。生活本身就是挫折的最好讲堂。培养孩子的抗挫折能力，绝对不是一时之功，而是要从身边的小事中教育孩子。

若父母永远将孩子放在自己的羽翼之下，帮孩子抵挡所有的风雨，那么他就永远学不会在暴风雨来临的时候如何独自去面对。

心灵透视镜：

　　心理学的知识告诉我们：孩子在未成年的时候对大人的态度是敏感的。所以，老师或是父母对孩子怜悯，他们就认为自己更加可怜。这样下来，当孩子开始为自己遇到挫折更加难过的时候，他们就会更缺乏信心了。他们不是想着怎么去面对困境、解决困难，而是想依赖他人的怜悯，等人来安慰他。在这个时候，父母或老师可以给孩子一些积极的人生态度，那么孩子才会对人生充满信心，努力去克服遇到的一切挫折和困难。

第6堂课：输得起才能赢得起
——引导孩子败中求胜

前面一堂课我们讲了，要给予孩子一定的肯定和表扬，但这个"一定"也是有限度的。让孩子了解自己优点的同时，又不能让孩子产生骄傲的心理，这个度要把握好有点难，却也可以在生活的点滴中进行琢磨。例如，有些家长会盲目地表扬自己的孩子："你是你朋友圈里最厉害的""你是最漂亮的"……这样，会让孩子产生自我感觉过于良好的心理，但同时也会失掉承受失败的勇气。家长们怎么来把握这个度呢？就是在孩子失败的时候，不嘲笑孩子，陪在他身边打败挫折；在孩子成功的时候，表示肯定的同时，去引导他们发现其中是不是仍有不足之处。

那么在孩子"输"的时候，我们怎么去引导孩子战胜挫折呢？

首先，要引导孩子变挫折为动力。当孩子在日常生活中遇到挫折时，给予他们一定的帮助，让他们知道自己并非孤立无助。

其次，要帮助孩子加强日常社交的目的性、计划性。孩子在同人交往或是去做一件事的时候，常常都是没有目的、没有计划的，这也是孩子会"输"的原因之一。父母可以在孩子要去做一件事情前，帮助孩子去设想一下过程或是过程中可能会遇到的困难，适当地教给孩子一些为人处世的技巧，这样即使孩子做事遇到挫折，心里也有了底，就不会太过无助了。

最后，榜样的力量是无穷的，让孩子从别人的成功事例中发现方法和方式。

何磊一直是班里的"风云人物"，除了成绩特别好之外，更有很多特长，篮球打得也很好。最出众的就是他的演讲才华，他屡次代表班级参加学校比赛，或是代表学校去市里参加演讲比赛，都拿到过不错的名次。因此，何磊还迷倒了不少女同学，甚至还有一些女同学给他递过透着青涩的"情书"。

这个学期，何磊再次被推选为学校代表去参加市里举办的高中生演讲比赛。何磊早在一个月前就开始为这次演讲比赛做准备。老师和同学们也给他提供了很多帮助，同学们会当他的听众，听他演讲；老师给他借了很多相关的资料，帮助他写好演讲稿。比赛在即，何磊始终是信心满满的，常常能看到他面带微笑地在校园里走着，连父母都能感受到他对比赛的期待和喜悦。当然，压力也不是没有，但何磊相信通过他那么努力地准备，比赛应该是没有问题的。

可事情往往总是在意料之外，何磊在参加预赛时就被淘汰了，连进入复赛的资格都没有，这对他来说无疑是一个晴天霹雳！他自从进入高中后，前后代表班级或学校参加过数次演讲比赛，虽不能次次拿第一名，但都能获奖。这一次的打击，实在是让他没办法接受。

预赛被淘汰下来的那天，何磊回到家就大发脾气，进到房间里狠狠地摔上了门。妈妈能听到何磊在房里的咒骂声。他不断地骂自己没用，更大的恼怒来自于他对评委会的不满，他认为他被淘汰一定是因为评委的不公正。过了一个小时后，何磊怒气仍旧未消，他愤怒地打开门，冲着门外喊："妈，我明天要请假，不去上学了。"说着，"啪"的一声又把门关上了。

这个时候门被打开了，何磊看到妈妈大步走了进来。她走到何磊面前，大声吼道："你还是不是男子汉！如果你不能体会什么是失败，你就永远都不会明白怎样才能获得成功。输了就是输了，不要怨天尤人。为什么之前赢的时候，你没有怀疑过评委会的不公正；而仅仅在输了一次后，就立刻把过错全推到评委会身上？如果你真的不知道要怎么去体验失败，那么你最好就不要再去参加任何比赛！"

何磊的妈妈虽然很凶，也许会让何磊在那一刻感到更大的难堪和伤心。可是在何磊冷静下来后，他就会明白，自己的妈妈正是想用这种激烈的方式来告诉他：要先了解失败，才能收获成功！人不可能一辈子都不输。

很多同学从小就顶着光环生活、学习，以前的小小辉煌让他们觉得自己是"万能"的、是"战无不胜"的。于是当某一天，比如，从小学升入中学后，进入到了一个全新的集体里，遇到了更多更强的人，就会开始怨天怨地怨社会，觉得从此以后再没有光环，老师和同学赞赏的目光会渐渐离自己远去，这就是典型的"输不起"的心态。当孩子遇到这种情况的时候，父母就要用合适的态度去纠正孩子的心态，及时点醒孩子，让他们知道"光环"不是天生的，也不是永远的，一定要敢于面对失败，这样才能战胜挫折。同学们在一帆风顺后再遇到挫折时，不要抱着输了就是丢脸的心态，要知道没有从来不输的人，就连童话故事里也从来不存在这样的人。只要找出失败的根源，重拾信心站起来，那么至少下一次就不会在同一个问题上再输一次！

心灵透视镜：

孩子们"输不起"的时候一般有两种表现：一种是当遇到挫折和失败的时候会采取逃避的方式，不去想这个事情，会开始心生恐惧；另一种是性格比较急躁的孩子一面对挫折就会大发脾气，甚至把怨气发到周围人的身上去，以此来宣泄自己的情绪。第一类孩子是因为性格太过懦弱而导致不敢面对；第二类孩子则是因为自尊心太强，一输就会恼羞成怒甚至诱发其他行为。因此父母一定要多关注孩子的状态，随时给他们打上一针"自信心"才对。

第 7 堂课：在不如意中获益
——让孩子懂得逆境是成功的基石

青少年们应该都学过《孟子·告子下》，里面说道："天将降大任于斯人也，必先苦其心志，劳其筋骨，饿其体肤，空乏其身，行拂乱其所为，所以动心忍性，曾益其所不能。"也就是说，不经历风浪，怎么能到达胜利的彼岸呢？

大家应该都喝过蜂蜜吧，那甜甜的蜂蜜是无数只小蜜蜂采集来的。而那比我们的小拇指还小的小蜜蜂们是如何采蜜的呢？要知道，一只蜜蜂酿出 1 公斤蜂蜜需飞行 30 万公里，汲取 1200 万个花朵的汁液。每次采集归来，要把汁液从胃里吐出，由另一只蜜蜂吸到自己胃里。如此吞吐 120 次到 340 次才能让汁液变成蜜汁。但此时的蜂蜜还有大量的水分，不适宜储藏，需要蜜蜂不断地鼓翅扇风，让水分蒸发，最后变成浓稠的蜜糖。由此可知，蜂蜜酿自于蜜蜂锲而不舍的辛苦劳动中。

而在蜜蜂这往来飞行的 30 万公里的路程里，它们不知道要经历多少逆镜：也许会遇到正在捕捉昆虫的小孩子，也许会不小心撞到一张大大的蜘蛛网上……可它们仍愿意迎着逆境而上，取得代表它们成功的蜂蜜。

举世闻名的音乐家贝多芬 17 岁时患上了伤寒和天花病，26 岁又失去了听觉，这对于音乐家是致命的打击！然而在这种情况下，贝多芬却发誓"要扼住生命的咽喉"，与命运进行顽强的搏斗，创作出如《命运交响曲》等传世名作。厄运不但没有吓倒他，反而成就了他的音乐事业。

苏联作家高尔基从小失学，给人当童工维持生计，饱尝人间的辛酸。但他即使累得腰酸背痛也不肯放弃看书，还在雇主的皮鞭下偷学写作，终于成为著名的作家。

美国的大发明家爱迪生买不起书和做实验用的器材就到处收集，一次，他在火车上做实验，不小心引起了爆炸，被车长一记耳光打聋了一只耳朵。生活的困苦和身体的缺陷都没有让他灰心，他更加勤奋地学习，终于成了举世闻名的科学家。

以上种种的名人事例告诉我们，逆境出人才！每个人的人生都有高潮和低谷，也就是我们说的"顺境"和"逆境"。当你身处"顺境"的时候会觉得一呼百应，到处都是阳光和笑脸；而当你身处"逆境"的时候，就会不自觉的发现，自己并没有多少朋友，或是当自己遇到困难的时候得不到朋友的帮助，甚至还会遇到落井下石的事情，因为当你"倒霉"的时候，也许就有人因此而"获益"。所以，当我们面对逆境的时候，要学会自己去化解，而不是太过于去依赖他人，要用坦然的心去面对"逆境"。要明白，逆境是成功的基石。

每个人都有权选择自己面对生活、面对逆境的态度，而这个所谓的态度，就是影响自己生活的必要条件之一。选择积极进取、力求突破，还是消极退让、颓废自怜，就要看自己了。

心灵透视镜：

　　孩子面对逆境时的态度能让家长更多的了解孩子的性格：在逆境出现时，孩子是立刻放弃，并且不停抱怨、无能为力，还是不屈不挠，顽强面对？这一点一滴都可以体现出孩子的心理。要积极的帮助孩子走出逆境，让他们知道这世界上"没有永远的风暴"，让他们明白：他们今天所面对的逆境就是将来成功的奠基石。

第 8 堂课：最好的机遇，在下一站路口
——教会孩子在错过阳光时收获星光

从前，有位住在边塞地区的老汉，唤作塞翁。他生性达观，看待事物的方法与众不同。

有一次，塞翁家的马在放牧时走失了，邻居们得知后纷纷表示惋惜，可是塞翁却不以为然，反而劝慰大伙："丢了马当然是坏事，但谁知道它会不会带来好的结果呢？"

没过几个月，那匹走失的老马跑了回来，还带回了一匹胡人的骏马。邻居们一齐来向塞翁道贺，夸他有远见。然而，塞翁此时却忧心忡忡地说："唉，谁知道这件事会不会给我带来灾祸呢？"

那匹胡人骑的骏马使塞翁的儿子喜不自禁，天天骑着它出去兜风。终于有一天，因得意忘形，他从马背上摔下来，伤了一条腿，造成了终生残疾。邻居们闻讯后赶紧来慰问，而塞翁还是那句老话："谁知道它会不会带来好的结果呢？"

过了一年，胡人入侵中原，边塞形势吃紧，身强力壮的青年都被征召当了兵，而塞翁的儿子因为跛腿免服兵役，避免了这场生离死别的灾难。

这个故事渐渐地浓缩成了一句成语："塞翁失马，焉知非福。"它说明人世间的事都不是绝对的，在一定的前提下，坏事可以引出好的结果，好事也可能会引发坏的结果。

在人生的旅途中有很多精彩而美丽的风景，完美与永恒是可遇而不可求的。当偶尔错过了一个机会，不要遗憾和难过，我们还有希望可以拥有其他的精彩。相信错过的不一定是最好的，更精彩而适合自己的一定正在前方。只要肯去努力、去拼搏、去战胜挫折，那么阳光过后总会有点点星光在等着我们。

很多青少年在错过一两次机会后，就开始频频抱怨，觉得自己运气不够好，觉得自己特别的倒霉，常常想："为什么我总是和机会擦肩而过呢？"有这样一句话："智者创造机会，强者把握机会，弱者等待机会。"做生活的强者还是弱者，这一切都看我们自己。

生活有时会阴差阳错，很多人认为，自己错过了一时，就似乎错过了一生，其实不然。有些事情往往是因为错过，所以才美丽。生活中错综复杂的事情太多，我们应该学会聪明地放手。不要停留在过去的生活中，大步向前走，前面的光彩更耀人。坚持我们最后的倔强，路的前方才是真正的开始……

苏小雅是一位漂亮的高一女生，她所就读的高中很注重学生课余爱好的培养。学校的好几个兴趣爱好小组在市里都很有名，特别是舞蹈小组，常常代表学校甚至全市去演出。而小雅一直很羡慕那些在台上跳舞的同学，她常常到舞蹈教室的门口看大家练舞，打心眼里希望自己能成为其中的一员。

机会终于来了。学校规定，上了高三的学生要以学业为重，须自动退出舞蹈班；因此，舞蹈班要从高一学生中招收新成员。这个消息一公布，报名的人络绎不绝。排着队拿报名表的同学脸上都是期待和兴奋的表情。报名后，接下来就是面试和复试。小雅当然也去报名了，在首轮面试的时候，小雅顺利通过了。她非常开心，连着好几天都跑到商场去看舞鞋，并早早选中了自己最心仪的那一双，只等着复试通过后，就马上开始学习舞蹈。

可事情往往是不如人所愿的。在复试的时候，小雅被淘汰了，因为另外几个竞争对手都有舞蹈基础，而且身高都比自己高。小雅伤心极了，这是她的梦想啊，她多少次幻想过自己站在舞台上翩翩起舞的样子，可现在机会到了眼前，自己居然没有把握住。放学后，小雅也不愿意回家，一个人怔怔地坐在教室里，回忆起自己被淘汰下来的场景，忍不住趴在课桌上大哭起来。

这时候班主任刚好路过教室，听到有人在哭就走了进来。看到小雅哭得那么伤心，便走过去轻声询问。小雅断断续续地对老师说起了今天发生的事，她觉得难过极了，自己错过了唯一一次入选舞蹈班的机会，因为学校规定只招收高一的学生。

班主任听完后，想了想，走出了教室。过了一会儿，她又回来了，手上拿着一张报名表和一本画册放到小雅的桌上，说："知道这个画画兴趣班吗？这个班里的同学和舞蹈班的同学同样厉害，有位男同学在去年的全市青少年国画大赛上拿到了一等奖。老师记得你帮着班长出过一期黑板报，上面的画就是你画的，画得非常不错。既然你有这个底子，而现在又失去了参加舞蹈班的机会，不如就考虑一下去报画画班吧？你看呢？"说完，将画册往小雅面前推了推："你可以先看一下同学们的画作。"小雅停止了哭泣，翻看起画册来。那是本美丽的画册，有水墨山水画，也有充满绚丽色彩的油画……这一切都吸引了小雅。小雅心想：对啊，为什么从来没考虑过这个呢？爸爸妈妈也说我有一定的美术天赋，这样的话，不如趁此机会好好学一下画画吧。

此后的日子里，常常能看到背着画板的小雅走过操场。而到了周末，小雅也会约上画画班的学员们一起到郊外去写生。这样的日子让小雅快乐极了，她把自己报舞蹈班失败的烦恼抛到了九霄云外，沉下心去好好地学习油画。

某天，班主任走过学校画栏的时候，看到了一幅画着芭蕾女孩的油画，画里的女孩就像灵动的精灵，快乐地旋转着。而那幅画的下面属的名字正是：高一（1）班苏小雅。

苏小雅应该是很感激班主任的，是老师让她明白了人不能在一棵树上吊死的道理。与其因为一个机会在眼前消逝而伤心哭泣，不如利用这个时间去寻找另一个机会。青少年的未来是精彩的，并不只有一条路才可以通向成功的殿堂。

心灵透视镜：

当孩子们为自己定下的目标而努力奋斗时是值得鼓励与赞扬的，但并不是奋斗的时候都会毫无挫折。当他们在这过程中遭遇失败和挫折时，很可能会否定自己，觉得自己一切的努力都付诸东流，觉得自己错过了一个好机会。在这个时候，可以让孩子先静下心来考虑一下，是否会有另一条通向自己目标的道路。其实人生中有些错过也是值得庆幸的，因为错过而走上的另一条路，风景可能更美丽！

第9堂课：做自己的救星

——让孩子在挫折中学会独立

园园放学回家的时候特别高兴，进门的时候都是一路小跑的，嘴里还哼着歌。园园为什么那么高兴呢？原来啊，马上就要放暑假了，学校这个暑假组织学生去夏令营，而且是去一个星期。当天晚上，园园叽叽喳喳地和爸爸妈妈说了一堆打算到营地后要玩的游戏，并说了一些老师提出的注意事项。

很快暑假就来了，出发去夏令营的前两天，园园就催促妈妈帮她收拾行李，妈妈也一口答应了下来。可就在中午吃完饭妈妈正准备要帮园园收拾行李的时候，突然接到一个电话，外婆病了，于是爸爸和妈妈都心急如焚地赶回了老家。后来，园园与妈妈通了电话后知道外婆一切平安，才安下心来。可是转念一想，妈妈在电话里说要多陪外婆两天再来，那么自己去夏令营的行李谁来帮她收拾呢？园园想了一下，觉得无所谓，匆匆收拾了几样东西就去参加夏令营了。

一周后，园园垂头丧气地回来了。这时候外婆的病也已经好了，爸妈也早就回到了家里。妈妈看到园园一脸的不高兴，追问之下才知道，这次夏令营园园玩得非常不开心。

这是为什么呢？

原来，园园在出发前准备得非常不充分，连老师交代过要带上的游泳衣和手电筒等必备品都忘记了。到了营地后，园园才发现，营地就建在某个大湖的边上，而园园没带游泳衣，只能眼睁睁地看着同学们下水游玩，自己在岸上干等。她连防蚊水也忘记带了，坐在岸边时让蚊子咬出了满腿的包，向老师借了防蚊水才好了些……还有很多因准备不充分而不愉快的事。

园园为什么在一次普通的夏令营中就碰了一鼻子灰呢？因为她自己缺少独立生活的能力。父母从小就对她进行"一条龙""系列化""全方位"的服务。同学们可以想一下，自己是不是也和园园一样患上了所谓的"软骨症"？娇气得很，一离开父母就手足无措，做不好事。

孩子应当从日常生活中学习独立，独自去完成一件事，还可以帮助父母去完成一些事情。比如，在放暑假的时候，可以尝试着做一两次饭；或是独自出一趟门，可以到外地的亲戚家去走一趟，在注意自身安全的前提下，提高孩子独立生活的能力。

进行挫折教育的其中一个目的就是让我们在现实生活中具有独立生存的能力。无论是家庭条件多好的孩子，总会有独立去面对某一件事的时候，那时，身边没有一个人可以帮助到自己，只能靠自己。趁早掌握独立的技巧，这样，在成长的过程中，才有能力去面对不可知的挫折和挑战。

对于家长来说，解决孩子独立性问题，就是解决孩子的依赖性问题。心理学把这种依赖分为"情感依赖"与"任务依赖"两种。解决依赖性问题，是防止心理年龄小于生理年龄的关键，是关系到孩子成长的大事。

那么，父母应该怎么做呢？

方法1：父母应当承认和尊重孩子的独立人格，并且让孩子逐渐意识到，他是一个独立思想和独立能力的人，不是事事必须依赖父母的"小可怜"。

方法 2：理解孩子的依赖需要，给孩子足够的安全感。

方法 3：有技巧地进行"情感迁移"，让更有趣的事情替代孩子对于父母的依赖。

方法 4：做"弱势"的父母，给孩子更多思考、做事的机会。即便你很全能，也不要事事替孩子包办，有时假装弱一点、笨一点，能很好地激发孩子的潜能。

心灵透视镜：

"不用担心！我还有妈妈（爸爸）呢！"这就是像园园这类孩子的心理。他们早就习惯不去操心自己的事情，万事都有父母兜着，就算天塌下来还有父母顶着。因此，才在父母偶尔不能帮助他们的时候手忙脚乱，无法应对事物。家长们如果要锻炼孩子的独立能力，就应该多给孩子体验的机会，让他们自己面对各种问题，这样一来，实践的机会多了，他们也就学会了独立解决问题的方法。

第10堂课：得到的总比失去的多

——让孩子在挫折中学会总结经验和教训

"失败了就失败了，别的同学不一定比你强。"这是很多家长在孩子遇到挫折失败后会说的话。我们前面讲到了，给予孩子信心很重要，可是在孩子遇到挫折后，帮助孩子、引导孩子找出失败的原因，在挫折中总结经验，这样才能让孩子有所收获。以前遇到的挫折和失败虽然过去了，但如果不因此改善自己，那么将来吃亏的还会是自己。

失败并不可怕，它反而可以使孩子更加聪明起来，每一次失败都会教给他们下一次不再失败的方法。因此，聪明的孩子能够从失败中吸取经验和教训。

在对青少年的教育过程中，家长们不要急着去认定孩子做过的事情是失败还是成功的，而是应该关心孩子通过这样一件事得到了什么样的经验，学到了什么样的知识。

雷雷是个成绩优秀的孩子，有着一副好嗓子，还弹得一手好钢琴。无论是学校的晚会，还是市里的晚会，必有他的节目。父母因有他这样的儿子而高兴，老师也为班里有这样优秀的学生而感到欣慰。随着头顶荣誉的光环越来越大，雷雷也跟着骄傲起来：常常能在音乐课结束后，听到他嘲讽别人歌唱得不好，或是侃侃而谈自己获奖的经历。渐渐地，雷雷身边的朋友越来越少，雷雷也不放在心上，因为他认为同学们都是在嫉妒他。

　　这个学期，学校有三个推荐名额，让有音乐特长的学生到省里参加文艺晚会，学校把其中的一个名额分给了雷雷所在的班级。参加这次晚会，若能替学校拿到好的名次，将会得到获奖证书和一定的奖金。雷雷对此信心十足，他认为，这个名额一定是他的。在班里还能找得出比他更有音乐才华的同学来吗？班主任在班会上提到了这个事情，并提名雷雷和副班长刘涛，让大家进行投票。雷雷信心满满的盯着同学们，可是却有90%的同学把票投给了刘涛。这个结果让雷雷感到震惊！他不明白，自己究竟哪里比不上刘涛，竟然会败给了他。

　　班会结束后，等同学们都散去，雷雷趴在桌上哭了起来。他这个时候才感觉到，自己身边的好朋友真的越来越少。而接下来的省文艺晚会上，刘涛替班里拿回了荣誉。当雷雷看到刘涛站在讲台上接受大家的掌声时，心里酸酸的。可是这件事后，同学依然还是很疏远雷雷。雷雷心里实在想不通：就算是我钢琴弹得不好，我不是已经受到教训了吗？为什么同学们还是不大爱理我呢？

　　班主任从雷雷眼里看到了忧郁，把他叫进了办公室。雷雷红着脸，低着头。老师在询问后明白了雷雷的想法后，问道："你认为这次同学们没给你投票是因为你钢琴弹得不吗？"雷雷不服地说："对啊，我就想不通，他们为什么会认为我钢琴弹得不好？"老师笑了："那你有没有从别的方面来总结原因呢？为什么以前班里的同学那么支持你，而这一次，却有那么多同学同时否认了你的音乐才华呢？他们否认的真的是这个吗？"雷雷抬起头，疑惑地望着老师："难道不是吗？"老师轻轻摇了摇头："我有好几次经过教室门口，都能听到你嘲笑同学歌唱得难听的声音。这个事情，我没有冤枉你吧？"雷雷听到这句话，涨红了脸。

"我们遇到挫折、面对失败的时候，我们应该学会如何正确地对待它，不要把错误的根源全推到别人身上，而是找出失败的真正原因，学会总结经验，来面对下一次的挑战！老师相信你会明白的，对吗？"班主任望着雷雷的眼睛说道。在班主任说这些话的时候，雷雷一直安静地听着，眼里的不解和怒气渐渐散去，取代的是惭愧和了然。

当孩子遇到挫折的时候往往会痛苦不堪，但因为孩子不能辩明产生挫折和失败的真正原因，自以为挫折对自己造成了巨大的伤害。其实当错误和挫折产生后，只要处理得当，将错误转变成为绝好的学习机会，找到正确的做法，不害怕犯错误，从中汲取教训，这样就会化伤害为收获了。

心灵透视镜：

"我不是受到教训了吗？为什么还要这样对我？"犯了错误、遇到挫折后，孩子们大多会存在类似这样赌气的状态。不仅仅是孩子们有这样的心理，父母在工作中或多或少也会出现这样的心理。那是因为孩子一时还无法客观地看待错误产生的源头。因此，当遇到挫折后，我们应该帮助孩子调整好自己的情绪，并从挫折中总结经验教训。

第 11 堂课：坏事也能变好事

——教会孩子把挫折看作是成长的契机

对青少年进行耐挫力的培养，是父母及教育工作者工作的重要内容。而就当前的学校教育而言，大多仍然以考试和分数作为衡量学生的手段，而心理辅导和心理教育则形同虚设或是流于形式，因此才更需要家长加强对孩子这方面的辅导和帮助。

有这样一句话："要想没有挫折感，就必须遭受挫折。"挫折失败并不可怕，可怕的是跌倒了，起不来。因此教会孩子如何在失败中再次站起来，就是耐挫力培养的一个重要课程。

吴寒寒是初三的学生，中考前一个学期，学校和家里都开始进入了备战状态。她每天早上早起背英语单词，晚上尽量早睡，养好精神才能好好学习。吴寒寒所在的这座小城有三所中学，而一中则是升学率最高的，也是小城里唯一的重点高中。每一位老师都希望自己带的班级有更多学生进入一中念高中，而几乎每一位家长也希望孩子能到重点高中念书，这样对于孩子将来考大学会有很大的帮助。而初三的学生们，也大多暗暗给自己下了很大的决心，以考上一中为己任。

在中考前的两个月，每天晚上妈妈把房间的灯关掉后，她都偷偷地从抽屉里把手电筒拿出来，蒙着被子偷偷复习。中考的日期越临近，吴寒寒就越紧张，她一面盼望着考试快点结束，好放松心情；一面又害怕面对考试，因为她很担心自己考不上重点高中。

考试结束后，分数下来了，比去年的重点分数线还高了5分。吴寒寒心里想，终于可以安安心心地等录取通知书了。谁知过几天分数线出来后，吴寒寒心就凉了，今年一中的分数线比去年整整高了7分，她因为两分之差与一中擦肩而过。听到这个消息后，吴寒寒哭得很厉害，可以说是食不下咽，睡不安稳，每天都待在家里不愿意出门。

可以看得出，吴寒寒是一个性格极其倔强的孩子。这次没能考上一中，对于她来说是多么大的一个打击。她觉得自己那么努力地念书，却还是没有考上重点高中，自己将来肯定也没有办法考上好的大学了。

要明白，并不是念重点高中才能考上好的大学。很多学校虽不是重点高中，却也一样有很不错的升学率。而相反，有一些念重点高中的同学却未必能考上好的大学。一个好的学校固然重要，可更重要的还是自己。如果自己不努力，就算是到了再好的学校、遇到再好的老师也于事无补。相反，只要孩子不放弃自己的理想，不轻易被挫折打败，就算是到了普通的学校，依旧能更好地学习。

挫折不可怕，只要可以从挫折中爬起来，我们就可以重新来过。因此，我们要在日常生活的一些事例中培养孩子无畏挫折的意志品质。

心灵透视镜：

挫折，就是指在实现目标的行为过程中，遇到了障碍或阻挠而没有达到预期的目的。文中的吴寒寒同学正是在实现自己"考上重点高中"的目标的过程中，遭遇了挫折。而挫折会对个体的情绪、行为发生影响。这样的失败对于吴寒寒来说是"坏到极致"的，甚至会影响到自己对将来生活的希望。青少年们要明白：坏事是可以改变的，成功的方式不是只有一种。

第12堂课：对手强大，你才更强大

——正确培养孩子的竞争意识

竞争是指对外界活动所做出的积极、奋发、不甘落后的心理反应。竞争是青少年日常生活中的重要组成部分，他们的竞争意识与生俱来。在小的时候，他们会通过"我""我的"来竞争到属于自己的部分；而到了青少年时期，他们开始参与更多的竞争，如学习上的竞争、参选班干部时的竞争，当然还包括在异性同学面前展现魅力的竞争。这些竞争都是正常的，有助于提高青少年的综合性素质，还可以让孩子不断提高自己、超越自己。在培养孩子的竞争能力的时候，首先要让孩子们清楚一点：要光明正大也去竞争，而不是通过一些阴险狡诈、损人利己的手段。

如何培养孩子的竞争意识呢？

一、培养和发展属于孩子的独立个性。个性与孩子一生的发展息息相关，并与竞争能力是紧密联系在一起的。发展个性，要从孩子本身的爱好和需求出发，在日常生活中，发现和培养自己的才能。只要拥有了多种才能，自然就会自信、自主、自律、自理，自身的竞争能力往往强于他人。

二、从小要增强孩子的参与精神。只有参与到一件事当中时，才会有机会和他人竞争。在日常生活中，多去参与一些集体活动，以提升孩子的人际关系处理能力。

三、勇于创新。想要进步就必须要有所创新，我们可以帮助孩子去分析一些琐事，从中发现问题、提出问题，并尝试用孩子的思路去解决问题。

四、让孩子学会相信自己。给自己一个正确的定位，通过自己的是非判断来决定如何生活、如何学习、如何做人。只有相信自我，才会敢于去竞争。

五、要能承受委屈。如今的孩子从小就受到宠爱，父母不舍得让他们受委屈。可是上学后，天天与同学们生活在一起，就可能因为摩擦而受到委屈。在这个竞争激烈的社会里，委屈也是一种考验，当孩子们能勇敢地承受委屈的时候，那么他们也必然勇于去竞争。

吴文彬是一个运动健将，在学校里是出了名的"万人迷"。他最擅长的体育运动就是踢足球，足球场上常常能看到他驰骋的身影。这个学期，市里举行中学生足球联赛，他自然被选入校队参加比赛。

很快，参加足球联赛的队伍都确定好了。俗话说得好："知己知彼方能百战百胜"，吴文彬他们留意起这次参加球赛的学校与各队的队长。当吴文彬看到"张自强"这个名字的时候，忍不住吃了一惊：张自强？是自己认识的那个张自强吗？于是他匆忙找来那个队伍的详细资料，上面贴着队长的相片——就是吴文彬认识的那个张自强。

看到这，吴文彬陷入了回忆。那是他还在读小学的时候，常和社区里的孩子一起到球场上踢球。在一次比赛中，他输给了以张自强为队长的另一支球队，当时他还差点骨折了。因此，那场球赛给他留下了阴影。

可命运就是那么巧妙，他们又碰到了一起。吴文彬决定退出比赛。在他向队长提出退赛的时候，他看到了队友失望的眼神。三天后，高大帅气的张自强出现在了自己面前，让他有着无形的压力。张自强开口说道："吴文彬，我记得你，也记得小时候的那场球赛，因为我清楚地记得那个在球场上球技不错的男生。可是我想不到你这么孬种，那一次失败都过了那么久，你居然还不敢和我比赛，你真让人瞧不起！"吴文彬一下就被激怒了："谁说我是孬种？我一定会上场比赛的！我会努力去和你竞争，看谁厉害！"张自强听完吴文彬的话，哈哈大笑着走开了。

足球联赛如期举行，最后吴文彬这一队绝地反击，战胜了张自强那一队。吴文彬很开心，因为他赢得了胜利的同时还战胜了自己的心魔。他也很感激张自强，如果不是张自强的激将法，自己一定会错过这一次的联赛。而这次以后，他和张自强也成了好朋友，他们常常在一起切磋球艺，相互进步。

竞争意识与自我意识紧密相连，清晰的自我意识是在与他人的比较之下才显现出来的。只有勇于去挑战，才会有机会获得成功。这是那些躲在角落里，畏缩的胆小鬼们所不能理解的快乐。

心灵透视镜：

竞争，在字典里是这样解释的：为了自己的利益而跟别人争胜。而在这里，我们希望能多加上一个词，那就是"良性"，只有良性竞争才能更好地发展自己，提高自己的能力。

第13堂课：低头认错是为了抬头走路
——让孩子学会承认自己的错误

在生活中，老师不是权威，父母也不是权威。有时候需要父母尝试着放下架子去向孩子承认错误。父母一旦在和孩子的交流中做错了事，一定要主动向孩子承认错误，因为孩子都有自己的鉴别能力，如果父母都没有勇气去承认自己的错误，又如何去教育孩子呢？父母做错事向孩子认错，并向他们道歉，不仅不会降低自己在孩子面前的威信，相反孩子会更加尊重你、亲近你，也会更加信服你。当孩子下次也犯错的时候，父母才可以更有威信地告诉孩子："你要勇于承担自己的错误。"

赵明明放学后慌慌张张地跑回家，灰头土脸的，手上全是泥。进了房门后，第一件事就是扔了书包，拿上衣服冲到卫生间里洗澡，吃饭的时候也是心不在焉的。明明的父母把这一切看在眼里，却也不动声色。明明的爸爸给了明明一个建议：把心思用笔写出来，如果愿意给父母看，就拿给父母看，爸爸妈妈愿意和他一起分忧。明明觉得这个想法不错，晚上就把心思写了出来。

原来明明那天在放学路上路过湖边的时候，因为和同学打闹，不小心把同学晓刚给推到了湖里。还好晓刚当场就被救上来了，而且也没有人注意到是谁把晓刚给推下去的。明明不敢向晓刚承认这是自己犯下的错误：一是怕晓刚不原谅自己，二是担心同学们会排斥他，三是觉得这个事情也不全错在自己，自己也是因为不小心才把晓刚推下湖去的。

　　赵明明的爸妈看完赵明明写的信后，当场就决定带着明明到晓刚家去道歉。明明张口欲拒绝，却对上了父母严厉的眼神，只能忐忑不安地跟着出门了。在晓刚家里，明明诚恳地向他说了那天事故发生的来龙去脉，并请求晓刚的原谅，而晓刚也原谅了明明。

　　在我们的一生会犯下很多错，无论是牙牙学语的婴幼儿时期，还是懵懂的青少年时期，又或是饱经生活磨历的成年人，都难免会犯下一些错误。其实孩子会犯错误可能是对有关的知识掌握得不够，因此一旦犯下错误，第一反应就是找客观原因，为自己逃避责任、寻找借口，认为自己无法承担自己的错误，更不会对自己的错误进行反思。要知道，错误已经造成，孩子需要的是为自己所犯的错误去承担责任。只有承认了错误，才会获得原谅。承认错误和承担责任都需要勇气，但愿孩子们在犯错后都能站出来，告诉身边的人：这件事情的发生，是我的责任！

　　孩子做了错事，父母不可以一味包庇，更不能听之任之，一定要认真严肃地处理，必要的时候还需要给孩子一定的惩罚，让孩子明白做错事后要学会承认和为此承担的责任，从而牢记教训。这是一个长时间的教育工作，要在点滴中帮助孩子逐步明白道理，学会自尊、自律。勇于承担责任的青少年会为自己赢得朋友的赞许、信任。这样一是会让孩子摆脱自我中心，知道在外面并不能为所欲为；二是让孩子经受必要的情绪挫折，明白后悔、难过、害怕是怎么回事；三是让孩子学会协调与环境的关系。

心灵透视镜：

赵明明父母在这件事情的处理方式上是较为妥当的。在知道孩子犯下错误并不敢去承担责任的时候，当机立断地引导孩子首先去承认错误，然后再为此次错误接受教训。建议在青少年犯错的时候，可以让孩子自己提出补救的方法，让孩子对自己的行为进行更多的思考，增强他们的责任感。如果孩子提出的办法不适合，家长可以再提出一些补救的办法来引导。要求孩子对自己的错误行为进行补救的目的，是让孩子学会约束自己。

第 14 堂课：其实你没有那么优秀

——让"说不得"的孩子听得进批评

陈小雨是个聪明又能干的孩子，在班里担任班长的职务，很多老师和同学都很喜欢她，她也是爸爸妈妈的骄傲。

但是，最近陈小雨的妈妈发现了女儿的一个问题：她可能是听多了别人对她的表扬，开始自以为是，听不得别人讲她一点不好。

某天晚上，妈妈照例检查陈小雨的作业，发现陈小雨的功课有些退步，有些很简单的题目都做错了。妈妈拿着作业本对陈小雨说："宝贝，你看这些问题都很简单，不应该错的怎么也做错了呢？是不是你做作业的时候不专心了？"陈小雨立刻板起了小脸："妈妈，我们班有哪个同学是不犯错的呢？我犯的错算少的了，你还不满意啊！"妈妈有点伤心，孩子大了，也有自尊心了，可能讲话得斟酌字句了。

第二天晚上，妈妈检查陈小雨作业的时候，又发现了几处是真的不该出现的错误。妈妈实在忍不住了，对陈小雨说："宝贝，你看，这个问题我昨天给你指出来了，怎么又错了呢？是不是有点马虎啊？"陈小雨一脸不耐烦地对妈妈说："你别整天就盯着我的缺点和问题好不好？"妈妈刚刚张嘴准备严厉批评孩子两句，但想想还是算了，可能孩子这两天心情不好。

谁知，陈小雨日后反复出现这个情况，就是听不得别人说她一点不好。只要是批评的话一句都不想听，要么就是表现出一副很不耐烦的样子。她的妈妈无奈之下，只能求助于老师，让老师和陈小雨好好谈谈。

在心理学上，孩子听不得别人对他的批评，原因通常有两种：一种是经常被批评，听多了就造成逆反的心理，用拒绝批评的方式来保护自己。还有一种就是经常被表扬，造成了习惯性自我肯定，再也无法听进去批评。

或许我们会觉得陈小雨这样的孩子是过度自负、自尊心太强的缘故，其实这是一种认知上的误区。事实上，这样的孩子日益膨胀的并非自尊心，而是虚荣心。而且他们的自信心也不是提高了，而是降低了。想想我们自己，害怕别人的批评，不就是缺乏自信的表现吗？时间一长，这种听不得别人批评的孩子，问题就会越来越严重。

从某种意义上来说，平常有些小缺点的孩子比出众的孩子更容易教育，因为他们对自己没有超现实的期望值。而那些一直很优秀，所谓的优等生，因为只想要听别人的表扬，往往会出现脱离实际想法的自我期待。他们不太容易承认真实的有缺点的自己，也不太能承担生活中的挫折。长期生活在云端的人，一旦跌落到地面，要爬起来也是比较困难的。这样的孩子一旦遭遇失败，就会变得怨天尤人。那么，如果你家里也有听不得一点批评的孩子，又该如何做呢？

首先，千万不要以极端的方式，去过分批评或者赞扬孩子。父母要保持一颗理智冷静的心，实事求是地看待自己孩子的优点和缺点。你要清醒地认识到，孩子在长期的表扬之下，会产生骄傲自满的情绪是难免的，但隐藏在骄傲之下的真实心理是自卑，所以你没有必要再去泼孩子的冷水。克服孩子的这种心理不是一朝一夕的事情，因为孩子的这种表面上自我感觉良好也不是一日两日形成的，而是在父母和其他人的长期影响中造成的。一旦孩子身上出现了问题，就单方面地指责孩子的不是，觉得这是孩子性格上的缺点，这对孩子来说是非常不公平的。

其次，对待这样的孩子不要经常表扬，也不要轻易批评，要以从容不迫的态度去教育他，潜移默化地影响他。家长可以跟学校的老师沟通一下，只有在真正值得表扬孩子的时候再提出表扬，对于一些无关紧要的小事不要总把表扬的话挂在嘴边。当孩子在你面前表现得很狂妄的时候，也不要当众奚落孩子，让孩子下不了台。当孩子因为失败而沮丧的时候，父母要适时地鼓励孩子。但前提是让孩子承认自己失败的现实，不要以安慰的形式来掩饰孩子失败的事实。

心灵透视镜：

"只喜欢被表扬，不喜欢被批评"，这不仅仅是青少年，也几乎是每个人的通病。在受到批评的时候，就会觉得"太丢脸了""一点面子也没有"，这是一种回避挫折的心理。在这个时候，让孩子换种想法：这其实不算是多大的挫折，只要肯去面对、肯去改变，那么挫折将会转变为成功！

第二章

人生就是一场游戏，参与了就是胜利

——挫折教育能够激发孩子学习中的潜能，让孩子更优秀

第15堂课：偏科有时候是因为偏见

——你可以不喜欢老师，但不能拒绝知识

一只木桶在装水。突然，它发现，同样多的水倒进别的桶里正合适，在自己这里却总是溢出来，心里很不是滋味。这时，一个同伴告诉它说："知道吗？我们木桶的容量取决于最短的那块木板。你的木板绝大部分比我们的长，但是只有一根比我们的短。水装到这个短木板的高度，自然就会溢出来。所以不管其他木板多长，对于我们木桶来说都是没有意义的……"

这个木桶的寓言故事我们听过很多遍。可是偏科孩子依旧觉得也没有什么，大不了在喜欢的功课上多努力一下，这样平均分不就高了吗？可事实往往是相反的，因为常常看到成绩出来后，那些一脸苦闷的同学大多说出这样一句话："都是因为那该死的某某科，弄得我总分那么低。"而极少会有人说："幸好我某某科够好，就算另一科那么低分，总分也很高啊。"

青少年偏科一般有两个原因：一个是"我不喜欢教那门课的老师"，另外一个就是认为"这门科目不重要"。而据资料显示，以第一个理由居多。首先，我们一起来分析孩子们不喜欢任课老师的原因。简单来说大致有几种，即认为老师水平差、人品差、形象差等。由于诸多因素的影响，包括某些教师自身的原因，很多孩子对于某些老师存在抵触心理。

他们不喜欢某位老师的原因有时很简单，也许就是因为这位老师的"剪的发型太土了"，所以我们有必要和孩子们分析一下：为什么不喜欢那个老师？不喜欢那个老师，为什么就一定要拒绝相应的知识呢？

王立德是一个勤学的孩子，每天晚上吃完饭，休息过后，不用父母催促，他就会自觉地坐在客厅里温习功课。可是自从上了高一后，王立德妈妈从来没有看到儿子拿出过化学课本。

原来王立德很不喜欢化学老师。他觉得老师总戴一个超大的黑框眼镜，说话也是吞吞吐吐的，而且总挑他的刺，这引发了他的偏科情绪。很显然，王立德拒绝学习化学课的原因并非是觉得这门知识太无趣，而是因为不喜欢化学老师，进而讨厌学习化学。

但是一定要让孩子们知道：他们可以不喜欢某位老师，但要学会尊重老师，尊重老师的专业水平，更不能拒绝知识。当发现孩子开始偏科时，我们要先帮助他们找到偏科的症结，再进行"治疗"，那么疗效一定会好很多。像王立德这样的学生是因为不喜欢老师的言论举止，进而偏科。告诉孩子，他们无需学习认为老师不好的方面，但可以向其他人品和形象好的老师或者前辈学习。

如果孩子因老师教课水平差而不喜欢他该怎么办呢？在网上看到这样一个案例，可以作为参考：说有一个学生特别不喜欢他的数学老师，认为他不称职。后来，班主任让他把数学老师讲课的毛病挑出来，他就用一个本子专门记录数学老师的授课问题，每次和该老师见面都要"点评"一番。结果在期末考试时，这个学生的数学考了全班最高分。他觉得很奇怪。其实，为了挑毛病，他把自己变成了数学课督导，站的位置和角度比任课老师还要高。这样不知不觉就学进去了，这也是"学习的角度"之妙用。

一门课只有一个老师教，但那个老师不只有一个学生，对他来说，一个学生喜欢他与否并不是很重要，他毕竟还有那么多的学生，但孩子就不同了。

你可以让孩子尝试着只听他的课，然后忽略他所有的私人问题，把他当空气；也可以分析一下孩子到底不喜欢他哪里，试着克服。

心灵透视镜：

每个人都会有一种"抗拒性格"，青少年尤为突出，因为他们接触的范围会更小一些，更单纯一些，遇到的矛盾也会相对小一些，因此会不自觉地把一些小矛盾给放大了。比如，仅仅是老师身上一个小小的毛病，都会觉得忍无可忍而导致偏科厌学。因此要找到问题对症下药，首先要建立对任课教师的信任，重新树立起学好该门课的信心。同时，要通过改变学生的注意力结构，促进其注意力和记忆力向思维能力的转换。要在学生良好的学习动机和状态下，逐步改善学生学习的盲目性和无规划性，促进其学习能力的提高。

第16堂课：白天不懂夜的黑
——教孩子学会化解矛盾和误解

这一堂课，我们先轻松一下，来听一个故事吧！

在很久以前，有个和尚已经修成罗汉，并且修炼了各种神通，能知道过去和未来的事情。这天，他在树林里架锅煮染法衣（就是把衣服染上僧人需要的颜色），这时候有个人来找寻丢失了的牛。找牛的人看见一个和尚在树林里架锅煮什么东西，就上前询问："有没有看见一头牛呀？"和尚说没有看见。这个找牛的人不相信他，并怀疑和尚偷了自己的牛，于是他打开锅盖，发现里面正在煮着牛肉。他非常气愤，质问一个和尚怎么可以偷牛杀掉吃肉。和尚大惑不解，自己也前去打开锅盖，看见的也是牛肉，感到非常奇怪，可是又无法解释。接着，和尚被告到官府，关进监狱中。

几天后，那个丢牛的人找到了自己的牛，因为误会了和尚，就赶紧到官府里说清了情况，官员答应稍后就可以释放这个和尚。不巧的是，这是一个糊涂官员，他居然忙着就把这个事情忘记了。于是，和尚被关了七年，一直到皇帝大赦天下才被放出来。

经过了七年的牢狱之灾，人们发现，和尚不但没有变得颓废，反而有了更深的修为。有人就问这和尚："七年前，你已经成为罗汉，为什么还被人误解，遭受那样的灾难呢？"和尚道："这不过是对我的一个考验罢了，却也同时给了我一个机会。这七年里，虽然我在牢狱之中，却更能潜心思考，促我修成正果。"

从这个故事仿佛可以看出，一切事情都有原因。当人们觉得不公平，或是遭受误解时，又焉知非福呢？

生活中，被人误解是常有的事，往往不经意间给人带来伤害，有时候甚至还会遇到故意的误解。有部分误解是当事人凭着主观想法、戴着有色眼镜、用猜疑的眼光看待他人，所以心情很坏、看问题很偏激，判断事物的结果就不真实；而有部分误解则是因为不了解事情的起因，只由表面现象来进行判断而造成的不真实的误解。被误解者会觉得"莫名其妙"，同时还会产生愤怒与委屈的心理。

快上课的时候，班里的韦芳突然大叫起来："我的两百块钱不见了！"说完就"哇"的一声大哭起来。这下班里就像炸开了锅一样，何老师急忙走下来问情况。原来因为这周要交两百块钱的校服费，早上韦芳就把钱带来学校了，可是现在钱不翼而飞！何老师皱起了眉头，帮韦芳把书包和课桌都检查了一遍，仍然找不到。何老师再次询问韦芳："你确定早上把钱带出来了吗？"韦芳哭着道："当然，我早上出门前还检查了一下书包呢。"这下何老师意识到了问题的严重性，如果说韦芳的钱是在教室里不见了，那很有可能就是被人给偷了。

同学们都围在边上叽叽喳喳地议论着。这时候有人大声地说了一句："刚才下课只有王莉莉一个人在教室！"听到这句话，大家突然鸦雀无声，齐刷刷地望向王莉莉。王莉莉一下脸就红了，眼里充满着恐惧。这时候，韦芳大声说道："王莉莉，是不是你偷拿了我的钱？"王莉莉急了，连忙站起来，说道："不是我！我没有拿，我在教室里只是为了解数学题！"这下同学们议论的焦点全都集中在了王莉莉的身上。王莉莉小脸憋得通红，却一句话也说不出来。

下了课，在办公室里，何老师语重心长地问王莉莉："告诉老师那钱是你拿的吗？"王莉莉抬起头，红着脸却用坚定的眼神看着何老师，回答道："不是我拿的，我只是在教室里算题。"经过了半小时的谈话，依旧没有任何结果，何老师只得让王莉莉先回家。

第二天一大早，王莉莉的爸爸就陪着王莉莉去了学校，敲开何老师办公室门的时候，他们发现，韦芳和他爸爸也来了。原来，昨天晚上，韦芳回家后和父母说了这事，家里人一起重新翻了书包，发现芳芳的书包让钥匙给划破了，那钱掉到了书包的夹层里。

上课的时候，何老师把王莉莉叫到了讲台上，大声地说道："王莉莉，老师现在向你道歉，我昨天不应该没弄清楚事实就那样误解你，你原谅老师好吗？"王莉莉愣了，她想不到老师会当着全班同学的面向自己道歉。紧接着韦芳也走上台来，对着王莉莉和同学们都鞠了一躬，说道："对不起王莉莉，对不起大家，昨天都是我的错。"这时候，教室里响起了雷鸣般的掌声，误会了王莉莉的同学们也开始向她道歉。王莉莉脸上充满着微笑。

当孩子面对来自老师或同学的误解时应该怎么办呢？首先，我们需要冷静下来，和误解孩子的人进行冷静的沟通。主动征求别人的意见，再想一下是否可以请别人证明，接着和大家一起找出事情的缘由。要相信，只要是误会，就总会有水落石出的一天。

同时，你还需教孩子明白，当他误会了朋友或同学时，更要及时道歉，不要让友谊在一个并不存在的错误中破裂。这样不但不会失去一个好朋友，反而会让友谊更加坚不可摧！

心灵透视镜：

　　像王莉莉这样的孩子，因为家庭情况不太好，性格上会相对孤立，很难融入人群中，朋友会相对少一些。所以当某些误解产生后，其他的人可能会随大流"确认那个本不是错误的错误"，造成更大的误解。老师和家长们遇到这样的孩子时，更加要注意这类青少年的自尊心。无论发生什么事，都要先调查清楚再下结论。记住，你们是孩子们的指路灯，一定不要指错了路。

第17堂课：一滴水放在大海里才不会干涸
——让孩子学会珍惜班集体的荣誉

谈到集体的荣誉感，首先我们要清楚一个事情：虽然每个人都是一个个体，但永远都不可能一个人存在着。每个人几乎每天都生活在集体之中，就算你漂流到孤岛上，也同样是处在由动物、植物组成的一个集体，没有一个人是例外的。人离开了集体就无法很好的生活。

而青少年除了要面对家庭这个集体外，最多的是生活在一个校集体中，具体下来就是生活在一个班集体之中。这个班集体里，包括所有的任课老师以及每一位同学。有个故事说的是：以前有个国王，有五个儿子，他让每个人轮流试着折断一根筷子，每个儿子都很轻松地把筷子折断了。于是他又拿了一大把筷子，让儿子们轮着把这把筷子折断，没有一个能把那一大把筷子折断。因为在那个时候，这么多双筷子聚在一起，也就成了一个集体。我们可以想象成：一根筷子代表一位同学，那么一把筷子就代表着一整个班集体。只有当所有的人都团结在一起时，才会产生出强大的集体力量，进而创造出集体的荣誉。

高一（1）班是某个学校的重点班，学习的成绩普遍都比别的班要好很多。可是班主任刘老师却发现了一个问题：虽然大家学习成绩都很不错，对老师也都很尊重，可是大多缺乏集体荣誉感。为什么这样说呢？因为经过将近一个学期的观察，老师发现每周一布置卫生值日时，大家都是怨声载道的，常听到下面有人在嘀咕："浪费时间，我连自己的房间都不打扫还要来扫，那么大一间教室。""有这时间我还不如拿来看书呢。"这样的话。而且在打扫卫生时，同学们都不会认真地进行打扫，就算被老师批评了，也抱着一种无所谓的态度。

不仅仅是这样，对于学校举行的一系列课外活动，大家都懒得参与。比如说，学校的运动会，每个班必须要报四个项目，参加人员不得少于十人。可是每一回都没有人主动报名。在体育课上可以跑出好成绩的学生不愿意参加赛跑，放了学就冲到球场上的同学也不愿意参加球赛。每次都是刘老师硬性安排，大家才不情不愿地参加。

刘老师渐渐觉得是时候建立一下同学们的荣誉感了。周五下完课后，他就走进了教务主任的办公室……

周一全校例会，教务主任开始通报这个学期检查各班级卫生时的情况。高一（1）班的学生们听了不到五分钟就都涨红了脸，因为他们发现，周围其他班的同学都用异样的眼光在看着他们。教务主任通报的卫生检查情况里，他们班十次有九次都是不合格的，从开学到上周为止，他们的总分居然是全校倒数第一！试想一下，总是拿正数第一的班级，这一次竟然拿了倒数第一，同学们的心里都非常的难受。可是这还没完，接下来，教务主任又通报了上个月学校运动会时各班的成绩。高一（1）班除了跳高拿到了第三名外，其他全部都没有进入前十名。这下大家的心里就更加不好受了。早上的例会结束后，大家慢慢走回教室，一路上，总听到别的班级在嘀咕着："一群自私的家伙，光想着自己死命地念书""就是，一点荣誉感也没有，太丢脸了""唉，以前还以为他们班有多厉害呢，不过是一群书呆子嘛"……

回到教室，刘老师站在讲台上一言不发地看着大家。等大家都安静下来后，他才开口问道："刚才大家都听到教务主任的通报了，有什么想法吗？我给大家五分钟的思考时间，一会儿都来说说看吧。"过了一会儿，刘老师看到班长李真犹豫地举起了手。刘老师冲她点点头，她站了起来，说道："刚才在回教室的路上听到一些同学的话，我觉得很对。我们正是因为缺乏荣誉感，所以才会把班级弄得那么差，我们每个人都太不负责了！"说完李真就坐了下来。接下来，同学们都开始发言了：

"实际上，每一位同学都应注意维护由值日生们创造的良好的卫生环境，尊重他们的劳动成果，养成良好的卫生习惯，不乱扔垃圾。"

"在明确分工的基础上，我们还应提倡'团结合作'，在大家力所能及的情况下，应该鼓励大同学帮助小同学、男同学帮助女同学、行动麻利的同学帮助一些做事有困难的同学。"

"明年学校再举行运动会的时候，有特长的同学一定要积极报名。别的同学可以参加拔河比赛，或是在边上当啦啦队。"

"不仅仅是这样，我还认为，我们不能光想着自己学好自己的，也应该在学习上互相帮助。比如，数学好的同学可以帮助数学不好的同学……"

大家你一句我一句，讨论得非常热闹。刘老师听到大家的发言，会心地笑了。他知道就目前看来，他和教务主任的"小计谋"至少成功了一半。他示意大家安静下来，开始发言道："大家都说得很好，集体的荣誉需要大家来维护。一个良好的、健全的班集体离不开同学们的荣誉感，大家的荣誉感是形成良好班集体的重要的一环。当班集体需要你的时候，你有没有想过主动站出来？当其他同学需要你帮助的时候，你愿不愿意伸出援手？我们班由54名同学组成，同学之间肯定会出现你会的我不会、我擅长的你不擅长的情况，只有同学之间互相帮助，这个班才是一个良好的班。否则，虽然表面看是一个班，实质上还是一盘散沙。通过今天的发言，老师真的很开心，因为看到了大家的进步，看到了大家心里荣誉感的迸发。我相信，在接下来的三年里，我们高一（1）班一定不会仅仅只是学习上拿第一的书呆子班级！"听完刘老师的话，班里响起了热烈的掌声。

集体荣誉感是指学生自觉意识到作为集体一员的尊严和荣耀，从而更加热爱集体，珍惜集体的荣誉，并能推动学生积极向上的一种情感。一个班集体能否健康、快乐地成长，是否优秀，一个重要原因取决于这个班的学生是否有集体荣誉感。如果每个学生都以集体为荣，那么这个集体一定是非常优秀的。

心灵透视镜：

"这是班里的事，应该会有更厉害的同学出来参与的，我不用操心了""这件事不关我事""我不想惹太多麻烦"……很多青少年正是因为产生了这种心理，才逐渐开始缺乏班集荣誉感。他们认为，把自己的事做好就可以了，却不知道，只有每个人都把班里的小事做好了，才能一起来做大事，创建一个良好的班集体。当每一个学生都有了集体荣誉感，就会时刻为集体着想：有同学表现不好，就会有人告诉他"这样做会给班级丢脸"；有人表扬班级时就会感到自豪。把班级的事当成了自己的事对待，学生就会和班级紧紧连在一起。在这种氛围下长大的孩子，民族自豪感会更强，爱国的热情也会更高。

第18堂课：厌学未必是厌恶学习本身

——知识重要，主动学习知识更重要

李思齐在上高中前，学习成绩一直都很不错，从来没有跌出过前十名，发挥好的时候还拿过前三名。因此，李思齐的父母一直认为他应该可以考上本市的重点高中，可是李思齐却因为临场发挥得不好，与重点高中失之交臂。最后李思齐父母通过关系，还是给他联系进了重点高中的普通班。

高一第一学期的期中成绩出来的时候，他们吓了一大跳。李思齐这次考试居然考了班级第35名，而李思齐这个班总共只也有39个人。李思齐的父母觉得很不可思议，妈妈甚至还狠狠地批评了李思齐，无非是说一些"爸妈那么辛苦把你送进了重点高中，你一点都不争气""你一点也没把学习放在心上""刚到一个新的学校，你是不是交到了什么社会上的坏朋友"之类的话。面对父母的这些疑问，李思齐都选择用沉默以对。无论李思齐的父母用什么方法让他开口，他都不愿意。

这时候李思齐的表姐向李思齐的父母透露了一个信息：李思齐博客里的内容都是什么"我心情很不好""再也不想上学了"等内容，而里面上传的那些图片更是可怕，充满了死亡的气息。

后来，李思齐的表姐与李思齐进行了一次谈话才知道，李思齐从上高中以来就没认真听过课。他觉得学习太没有意思了，就像在为父母而学一样。觉得自己既然没考上重点高中，那就去上普通高中就好了，为什么硬逼着念重点高中呢？这次他考试没考好，完全都在意料之中。

相信知识的力量，可以给予孩子们更多。有的孩子现在也许觉得学习很辛苦，可是这一切的辛苦都是为了他们的将来。学好有用的知识，才有机会考上好的大学。当他们不被理解的时候，要教给他们明白两个道理：一个就是父母都是为你好的，另一个就是学好知识真的很重要。

每个人在每一个阶段都有自己的责任和任务，而学习这件事就是学生的任务。学习这个看似简单的行为，但对正处于对社会、对自己都在摸索阶段的青少年来说，却也存在不少的问题。

而根据调查，厌学的学生在青少年的比例中达到了一半以上，而初中的学生厌学情绪竟高达将近70%，可见当今厌学情绪的普遍性。厌学情绪主要表现为怀疑知识的有用性，对学习消极应付或是学习动力不足，感到学习没意思，丧失对学习的上进心，还有就是把学习视为苦差事，认为自己是为父母或是老师而读，只想着早点毕业，向往着社会上的生活。

孩子产生厌学情绪，家长们通常都自认为看得很清楚。那么，我们自身有没有问题呢？不妨来看一下。第一，你是否经常把"你没有认真学习，不争气"挂在嘴边？第二，是否经常拿学习来惩罚孩子？第三，是否在孩子考得不好的时候加以指责？第四，是否留意到孩子小小的进步？如果我们具有以上的问题，能否从自身做起呢？如果这一切你都改正并做好了，我相信，孩子的厌学情绪也会逐渐消失的。

有些孩子的学习能力没问题，但因缺乏动力，所以常常心不在焉，因而成绩低落。如果是这样，家长就要找一些有趣的资料结合教材，来引起孩子的兴趣。如果是因为心理的问题，家长要先帮孩子解开心结，才能让孩子全心投入学业。有些孩子先天有缺陷，比如语言障碍、多动、视力不佳、听力不好、对符号辨识有困难等，就必须通过专家的协助加上医疗配合，才可以让他们在某种程度上获得读书的乐趣与益处。

孩子厌学，不管是由什么原因引起的，父母都不要轻易埋怨和责备孩子，更不要采取打骂和惩罚的手段。只有做好孩子的心理工作，合理地引导孩子，才能真正地帮助孩子脱离"厌学症"。

心灵透视镜：

不要太难为你的孩子，不要一味地责备孩子懒惰或不自爱，每个孩子都希望自己品学兼优，成绩不好一定有不得已的苦衷，做父母的应该去了解。家长不应过分看重孩子的成绩，要看孩子的整体表现。如果孩子很努力也得不到好成绩，家长应理解，不要再让他有过大的压力。家长要指出孩子的优点，让他知道自己的潜能，从而对自己充满自信心。

第 19 堂课：只要努力，没有什么输不起

——教会孩子正确看待考试失利

青少年处于现在应试教育的环境里，每个学期都要面对很多次考试。大人做事也不会一直成功，更何况是孩子呢？那么多次的考试中，孩子总会有考砸的时候了，也许是因为生病了，也许是因为那阵子遇到了什么不开心的事，又或者是因为着迷于别的东西而耽误了功课。家长们总认为，孩子考好是应该的，但却不了解孩子力不从心的痛苦。

有的家长是因为自己没有实现自己儿时的愿望，于是就将寄托放在孩子的身上，希望孩子认真读书，圆自己未圆的梦想。由于家长对自己的孩子期望过高，而导致部分孩子出现了失落、情绪不安等心理状况。而家长的这个期望与孩子的实际成绩往往会存在一定的距离。考好了，家长会笑逐颜开，猛夸自己的孩子争气；偶尔一次考砸了，立刻变脸，有的家长还会因此而动手打孩子。难道分数是打出来的吗？一个孩子优秀与否，不能单凭考试成绩而定，应该看孩子的综合发展情况。当孩子考试考砸的时候，更应给孩子以安慰及鼓励，帮助他们调整好心态，以顺利渡过难关。

期考成绩一出来，李国祥整个人就呆住了，这次考试他考砸了！数学成绩更是考出了史上最差的 41 分！当他看到成绩单的时候，简直不敢置信，考试之前自己努力地温习功课，可现在还是考砸了。回想考试

之前，李国祥忐忑不安地问妈妈："妈，如果这次期考我考得不好怎么办？"妈妈听到后，郑重地对他说："你一定能考好，因为你聪明，学习上也认真，不要让爸妈失望哦！"现如今考成这个样子，自己真不知道要怎么去面对妈妈。

回家的路上，李国祥望着自己被路灯拖长的影子，越想越害怕。害怕的同时也在懊恼，觉得自己怎么那么笨，竟然考出那么低的分数。他第一次希望回家的路可以变长一些，再长一些。垂头丧气地回到家里，妈妈看到他神色不对，大概就猜出了是怎么一回事，因为近几天就是出期考成绩的时间。她开口问道："成绩出来了吗？考得怎么样？"面对妈妈的疑问，李国祥却呆站在一旁，不敢回答。可纸是包不住火的，自己考砸的事，妈妈早晚要知道，他还是从书包里把成绩单交到了妈妈的手里。

妈妈仔细地看着那张成绩单，渐渐脸色有点变了，她抬起头来望着儿子，问道："可不可以告诉我，为什么考得那么差？"李国祥沮丧地答道："我真的不知道，我也努力复习了，可还是考得那么差，也许……也许我天生是个笨蛋吧！"望着儿子伤心的样子，本来想要发火的妈妈心也软了，开口道："我先不追究你这次考得差的事情，我们先来分析一下，为什么明明认真复习了，还考砸了？"接下来的一个小时里，母子二人拿着试卷一起分析，终于也找出了症结所在。原来李国祥的学习方法出现了问题，他在复习的时候常常只会死记硬背，而当题目换了个角度来出的时候，他就乱了手脚，解答得乱七八糟。找到了问题，李国祥才明白，自己应该掌握解答的方法和窍门，而不是生搬硬套，死记硬背。

李国祥觉得自己更爱妈妈了，因为自己考砸了，她不但没有批评自己，还帮助自己找到了失败的原因。当又一次期考时，李国祥满怀信心的上了考场。可成绩出来时，还是离自己的理想成绩有一定的距离，这一次，他的数学考了 61 分。他回到家里，向妈妈汇报成绩的时候，妈妈说了这样一句话："61 分吗？也就是说，你这次数学成绩比上次高了 20 分？你同学之中还有谁考得比上次高 20 分以上吗？"李国祥低头想了想，摇了摇头。妈妈笑了："那就证明，你是全班同学里进步最大的一个！妈妈已经很欣慰了！"

不要只放大孩子的缺点而忽略了他们的进步，哪怕只是一分的进步，那也是孩子经过好几个月的努力学习换来的。无论孩子这一次考得有多差，我们都不要责备他们，帮孩子分析出考差的主要原因，纠正孩子错误的学习方法，积累每一次考试的经验，帮助孩子恢复信心！

美国著名教育家塞德尔兹对儿子失败后的教育很值得借鉴。

他的儿子是全班年龄最小的学生，在 7 岁的时候就完成了小学教育。有一次，学校组织体育比赛，结果他得了倒数第一，感到非常难过。

塞德尔兹对儿子说："你不必为那件事感到难过。"

"我真是太笨了，竟然得了倒数第一，太丢脸了！"儿子沮丧地说。

"是啊，最后一名不光彩，可是你想过其中的原因吗？"

"什么原因？"

"因为年龄。你想想看，你的对手都是比你大好几岁的孩子，这个很正常……"

"可是我不能因为年龄小就比他们差呀！"儿子不等父亲说完就打断了他："虽然我年龄比他们小，我的功课比他们优秀，但体育一项太差了，多丢人啊。"

"不，你这样说不准确。智力是通过教育和勤奋得到发展的，但年龄却是任何人都不能改变的。他们比你跑得快完全是因为他们年龄大，个子高，腿比你长。如果他们比你跑得慢，那不是很糟糕吗？我肯定，等你长到11、12岁时，一定比你的同学跑得快。"塞德尔兹一本正经地注视着儿子，温柔地说。

听到这里，小塞德尔兹明白了一个道理，学会了正视失败。

心理学家认为，在日常生活或实践中，父母们都可以采取类似的教育方法。无论孩子遇到什么困难，家长都不要迫不及待地帮助孩子达到目的，而是应该先问问孩子："你觉得应该怎么办？""你有什么好办法吗？"引导孩子学会思考问题，等孩子经过思考后，再跟他一起分析孩子想法中的优点和不足。

心灵透视镜：

学习之路不会一帆风顺，孩子考砸了也没有关系，只要不被困难和失败所打倒，站起来总结自己，再坚韧地往前走去，相信成功就在不远处。

第20堂课：我被青春撞了一下腰
——教孩子正视早恋

一个小男孩与一个小女孩互相喜欢，可他们还只是中学生。老师和父母知道了这件事，自然是提出了反对。教务主任甚至还提出，如果两个人不好好处理这段关系，只能把这两位学生给开除了。虽然如此，两个孩子还是决定在一起，永远不分开。班主任问他们："你们真的要永远在一起吗？"两个孩子用力地点了点头。老师接着说："好，如果你们可以保证不影响学习，并且给我写一张承诺书，承诺15年后你们仍然在一起，我就和教务处商量不会处罚你们。"两个人当时就写下了那张承诺书。

中学毕业后，两人顺利考上了高中。但考大学的时候，男孩只考到了一所普通的大学，女孩却考上了外地的重点大学，于是两人分开了。再后来，女孩家里把她送到了英国去留学，只给男孩留下了一个通信地址。

终于到了中学同学聚会的时候，这个时候当年的小孩子们大都已经成家立业了。而男孩也在等着那位女孩出现，他要问问她，为什么去英国那么多年，只给他回过一封信。男孩终于等到女孩出现时，却看到女孩挽着一位外国人，并笑盈盈地向大家介绍，那是她的老公。男孩震惊了，趁没有人的时候，他问那女孩："你不记得我们15年的约定吗？"女孩惊讶地睁大了眼睛说道："那时候我们还小啊，不懂事，我现在已经成家了。"

早恋只是童话故事里那个青色的苹果，看着好看，却是青涩的。这个青苹果是幼稚的。只有当苹果变红后，那才是一个成熟的苹果。青春期的情感萌动是一件正常而美好的事，但未成年男女过早建立恋爱关系的行为，只会影响学习。事实告诉我们，很少有早期初恋的青少年们，在成年后仍然结合在一起。

中学到高中这个年纪的青少年，正处于情窦初开的时候。孩子结交异性朋友，在这种友谊当中，常常分辨不清自己的情感，因此有可能产生互相倾慕的感觉。而当父母和老师一旦发现青少年陷入早恋的旋涡当中，就会感到震惊、愤怒，往往会认为这个孩子太不争气，太不像话了。有些老师则认为早恋的青少年自身品德太差。其实，青少年的早恋与素质品德无关。重要的是，应该认识到这是青少年性心理成熟的提前趋势。应该设法让青少年们知道早恋的一些危害性，转移他们对爱情的过早关注度，因势利导给予切实的帮助，实践证明有很大一部分青少年是可以摆脱早恋的羁绊的。

而青少年陷入早恋的旋涡是存在很大弊病的。如：由于整日整夜脑子里只想着自己喜欢的那个异性，没心思去学习，因此上课的注意力就会难以集中，导致学习成绩的下降；另一方面，青少年的心理尚未成熟，思想里或多或少都会带着一种自以为是、易冲动的情绪，情感不稳定，容易感情用事，造成"偷吃禁果"或是其他严重的后果。当然也有不少早恋的青少年并没有荒废学业，反而双双考上了很好的大学。但由于青少年毕竟还只是孩子，面对早恋能控制好感情和理智的还是少数，调查显示，90%以上的青少年早恋都是"无果之花"，白白浪费了大好的青春年华。

吴老师发现最近几次上课的时候，张雨黎都显得心不在焉的，大大的眼睛经常失神地往着窗外，不知道在想些什么，有时候想着想着还会忍不住轻笑出声来。不仅如此，张雨黎现在很喜欢独来独往，这几次的考试，她的成绩也有了一些轻微的下降趋势。经过一阵子观察后，吴老师发现她早恋了。张雨黎的父母也反映，张雨黎最近总是不按时回家，而且回到家都不大愿意和父母说话。

　　第二天放了学，吴老师把张雨黎叫进了办公室。吴老师拿出了一封信，交到张雨黎手上。张雨黎疑惑地望着吴老师，吴老师示意她打开那封信。张雨黎读着那封信，读着读着脸就红了，那是一封女孩子写给男孩子的"情信"。原来，吴老师念书的时候也"早恋"过。吴老师给她说了一个故事：那个时候，还是学生的吴老师喜欢隔壁班一位爱踢足球的男孩，当时为了他，下了课也不愿意回家，总是站在足球场边看他踢球。上课的时候也不能专心听课，脑子里总是浮现他的身影，后来，给他写了一封情书。谁知第二天下了课，他把信又交回到吴老师的手上，并告诉她："我知道你，你是隔壁班那位优秀的女孩，可是如此优秀的女孩为什么弄不明白一件事情呢？我们现在是学生，首要任务就是好好学习，先把学习学好才是最重要的事情。我很高兴和你做朋友，但是我希望也仅仅是这样而已，好吗？"因为这件事，接下来的日子里，吴老师和他成了好朋友，他们总会在一起解决一些学习上的难题，可是不再谈论关于恋爱的问题。他们很好的维持了好同学与好朋友的关系，因此一直到现在，吴老师和他仍旧是很好的朋友。

　　心理学上认为，恋爱是否过早，不应该仅仅从年龄上来看，而是要从心理发育的成熟程度来判断。青春期，既是孩子身体成长，知识积累

73

的时期，又是性心理成熟发育的时期，是对异性产生好奇和爱慕的时期。进入青春期之后，随着生理上的发育成熟，性意识的萌芽，少男少女都会对异性产生爱慕，有一种与异性进行了解、交往并且亲密接触的欲望，这是非常正常的心理现象。在某种意义上来说，若没有外界的刺激，性意识的萌芽只会处于自发性的状态之中。在寻求亲近和依恋的过程中，很少会有色情的动机，或者是几乎没有。这个时候的爱情是柏拉图式的，是朦胧的，带有一定幻想和完美主义色彩。它能够让一个孩子发挥自己的最大潜力，向自己欣赏的人展示自己最美好的一面。

这个阶段的孩子情感丰富，喜欢以成年人自居，又无法在经济上获得独立。青春期的骚动让他们坐立不安，却又无法运用当前的心智来解决自己成长过程中的苦闷和烦恼。若在这个时候，家长给予他的帮助很少，他们就会求助于与自己有着相同心态的同龄人。性别上的差异会让他们对彼此充满了好奇和向往，渴望彼此之间的倾听和了解，来缓解青春期的不安和焦虑。因此，他们与异性朋友交往就成了情感认同不可避免的结果。

对于孩子早恋，即便我们也尝试过酸甜苦辣的早恋滋味，但是当你站在过来人的角度看待孩子走上自己当年熟悉的"爱情之路"时，不可避免地会有所变化。你或许会不知所措，甚至可能会不近人情，恨不能一下子就将孩子恋爱的火苗掐灭。

但是，孩子跟同龄异性之间的交往，是精神上的需要。家长不要粗暴地抑制，以免引起孩子的逆反心理。同伴之间的交往，可以让孩子开阔眼界，提升孩子的思维力、注意力和观察力。更重要的是，社会交往对孩子情感和个性的发展起着关键的促进作用，他们会在这种交往中体会人与人之间的关系，从而学会一些基本的社会规范和行为准则，并恰当地处理自己和他人的关系。

　　一个既有同性朋友，又有异性朋友的孩子，性格会比较开朗豁达，情感上的体验也会比较丰富和深刻，待人处世大方得体，自制力也会比较强。若仅仅是在同性的圈子中交朋友，孩子的性格、气质、社会交往能力会受到一定的限制，个性的发展也不全面。作为父母，正确的做法是，鼓励孩子同时和多个男女同学一起交往，培养广泛的友谊。

　　你也可以鼓励自己的孩子将同学和朋友带来家里玩。这样做，一方面可以让你和孩子之间建立牢不可分的信任关系，另一方面也可以了解到孩子的交往圈子。要让孩子知道的是，若仅仅将交往的对象局限于某个小范围，将会失去和大多数的朋友和同学接触的机会。应鼓励孩子多交几个跟自己性格和兴趣不同的朋友，而不是只和志趣相投的人接触。只有这样，才能更深刻地体会到友谊的意义。

心灵透视镜：

　　从心理学的角度来看，青春期的少年共同特点就是闭锁性，此时他们不大轻易吐露真情，开始带有文饰的、内隐的、曲折的性质，而且外部表情多和内心体验不一致。在异性交友过程中也显现出开放性、矛盾性、不稳定性、独立性的特征，并且理智与情感经常交替斗争，从而带来种种矛盾。为了在青春期与孩子能更好地交流，父母应当首先让自己冷静下来，给孩子指出早恋带来的种种后果，培养其正当的业余爱好，从而早日摆脱早恋的阴影。

第21堂课：虚拟世界的罪与罚

——摆脱网络的各种不良诱惑

随着现代科技的逐步发展，青少年获得知识的途径越来越多了，电视、计算机等都已经成为重要途径。这些途径可以大大地开阔孩子的视野，使他们学到更多生动的知识。与此同时，网络的开放性、安全性也成为父母担心的问题之一。

现在虽然有一些家长为了禁止自己的孩子过于沉迷网络世界，所以在孩子上大学前都不会给他配置计算机。可是随着大街小巷上网吧的增多，青少年们就多了一个上网的地方，常常看到有青少年逃学到网吧上网。更有些青少年，家也不回，直接在网吧通宵过夜。

青少年接触网络主要是为了满足交往、摆脱生活压力、刺激兴奋情绪、消磨时间以及社会学习的需要。要治理青少年网络成瘾的问题，就要了解青少年的发展需求，并想办法满足他们的需求。家长不但应关注青少年的学习，更应关注他们的身心健康，满足他们心理与成长的需求。

小海上学期期末考试的成绩很不错，取得了全年级第三名的成绩。为了奖励儿子，小海的爸爸给他买了一台计算机。谁料小海把这台计算机当成了游戏机，每天回到家就把自己关在房间里玩网络游戏，什么"CS""魔兽"等，玩得非常上瘾。在转过学年的月考上，小海竟然两科不及格，成绩一落千丈。小海的父母后悔不已，于是他们做出了断网的决定。他们把网络给断掉，并把计算机给送到了亲戚家，以为只要没有了计算机，小海就不会再沉迷于网络游戏了。

可是不久，他们就接到老师的电话，据老师反映，最近小海常有旷课或是早退的情况发生。小海的父母询问了几个同学，才知道小海最近不上课就是为了到学校附近的一家网吧玩游戏！小海的父母感到很痛心，于是第二天没有上班，在上课时间来到了学校，一看小海果然不在教室里。他们急忙跑到到学校附近的那家网吧，儿子果然坐在一台计算机前玩得昏天黑地。当天晚上，小海当着父母的面保证再也不进网吧。

可过了一个星期的一天晚上，小海居然一整晚都没有回家，小海的父母急疯了，到处打电话，最后才在一家更偏僻的网吧里找到了小海。网吧里烟雾缭绕，小海坐在计算机前玩得两眼通红。

其实上网、玩游戏并不是一件坏事。计算机不仅仅是一台游戏机，它还会让孩子学到很多有用而有趣的知识，比如，可以在网上看到各地的影音和新闻，那就相当于去旅游了一回；又比如，可以查到很多书本上学不到的知识，可以帮助孩子扩展知识，开阔眼界；玩游戏，还可以放松一下疲劳的大脑。但是玩游戏也要有个度，要帮助孩子学会合理地安排时间，每天把大量的时间花在玩游戏上，只会顾此失彼。学习成绩下滑不说，还会影响身体。

其实孩子到了中学阶段已经比较适宜使用计算机了，他们可以通过计算机来开拓自己的视野，进而学习到其他有用的知识。父母要激发孩子利用计算机学习的兴趣，同时也不要剥夺孩子爱玩的天性。只要父母和孩子讲清网络不良影响的危害，与孩子商量着合理的分配他的时间，那么，我们相信，孩子不但不会有"网瘾"，反而会成为多方面发展的综合性人才。

心灵透视镜：

　　现在的青少年群体中，上网已经成为其日常生活中的一部分，邮箱、网络游戏等无不记录着青少年成长痕迹。父母应帮助孩子了解到什么是网络上的禁区，试着在轻松玩游戏的同时，用电脑培养他们的专长，让计算机在我们的成长过程中真正地起到积极的作用。

第22堂课：不要让孩子给你争"面子"

——让孩子正确理解老师请家长的问题

教育毕竟不是学校自己的事情，所以，教育中必然有需要学校和家庭互相配合，共同来完成的问题。教育对于老师来说，针对的是群体；而对于家庭来说，是个体。如果完全凭老师和学校单方面的努力，那是完全不可能达到良好的教育目的的。所以，当遇到问题的时，我们还是需要家庭和学校的配合。

老师请家长到学校去是每位家长都可能遇到的事情。其实老师请家长到学校，不仅学生会感到恐惧，同时家长也会感到恐惧。父母普遍认为，被老师请到学校去，大部分原因是自己的孩子犯了错误，这样对孩子对自己都是一件很"丢分"的事情。因此，要想让自己的孩子不排斥老师请家长的问题，那么自己就要先正确地面对这个问题。

其实老师把家长请到学校去，大多是为了与家长进行沟通，共同研究学生出现的问题，是利大于弊的。这样做可以通过双方面来分析问题，进而对症下药，接下来就可以帮助孩子解决问题。而老师要请家长的时候，也要注意一下方法和态度。首先不要当着全班同学的面直接打电话请某位学生的家长，这样会让孩子觉得自尊心受到了伤害，进而讨厌这位老师，甚至开始不愿意听这位老师的课；其次，把家长请到学校后也要注意自己的态度，不要一味地数落该学生的不是，而是以积极的态度去和家长分析问题的原因所在，要记住一句话"学生学得不好，老师有一半以上的责任"。老师请家长来的目的是解决问题，而不是制造新问题，所以我们一定要看到请家长的具体情况。

　　班会快结束的时候，梁老师突然对小娟说道："明天晚上请你妈妈到学校来一趟吧。"老师的这句话让小娟很不开心，她不知道自己做错了什么，使得梁老师要请妈妈到学校来，而且还是当着全班同学的面，这让她很没面子。可是既然老师开了口，自己怎么可能不告诉爸妈呢？

　　晚上回到家，小娟的爸妈就觉得小娟一直犹豫着有话要说，一直到了临睡前，小娟才站在客厅里用很低的音量说："妈，梁老师让你明天到学校去一趟。"小娟的妈妈也吃了一惊，问道："梁老师有没有说是什么事？"小娟摇了摇头答道："没有，只说让我叫你一声。"说着又嘀咕了一句"真丢人"。一整个晚上，小娟妈妈和小娟都翻来覆去的睡不着，第二天都顶着大熊猫眼去了学校。

　　晚上，小娟放了学，一直也不敢回家，而是去了奶奶家。奶奶觉得奇怪，平时小娟都是周末才过来的，今天是怎么了？奶奶给小娟拿出了她最喜欢的零食，问道："小娟，今天怎么过来了，想奶奶了？"小娟嘟着小嘴说道："奶奶，我不敢回家，老师今天把妈妈请到学校去了，不知道发生了什么事，我怕回到家被妈妈骂。"奶奶说道："可是平时，妈妈从来不骂你的啊，只有在你做错事的时候才会批评你几句。"小娟说道："可这次是我第一次被请家长，真是太丢人了，全班都知道了，妈妈肯定也觉得我再也不是她的乖女儿了。"聊了一会儿，天色晚了，小娟的奶奶叫小娟叔叔把她送回了家。

　　回到家，小娟还是忍不住主动问妈妈："今天梁老师把你叫去说了些什么？"妈妈道："小娟，你过来坐。"待小娟坐定后，小娟妈妈才说道："你最近是不是和班里的几个同学很要好？"小娟答道："对啊，我和小敏、小丽玩得很好，我们都觉得很开心。"妈妈说道："可是妈妈听说，你们拉帮结派地去排斥其他同学对吗？而且上课还老是传小纸条，不好好听课。"小娟听到这，低下头说道："我就知道是梁老师告的状……"妈妈说道："小娟，老师和妈妈并不是反对你交朋友，相反，当妈妈知道你交了几个好朋友的时候，妈妈觉得很高兴。可是，朋友不应该仅限这几个人啊，就算你不愿意和个别同学交朋友，也不能排斥他们，对不对？这样，他们会有多难过，他们的父母也会觉得很伤心的，哪个小孩不是父母心目中的宝贝呢？你试想一下，如果被排斥的是你，你会怎么办？另外，上课传小纸条的行为也是非常严重的错误，这不但影响你的学习，同时也影响了其他同学的学习。你们有什么话完全可以留到下课再说对不对……"听完妈妈的话，小娟虽然知道了自己的错处，可却依旧怪梁老师不该把妈妈请到学校去，这样让她很丢脸。妈妈知道了她的这个想法，说道："小娟，这次去学校，梁老师不仅仅是向妈妈反映了这些问题，还让妈妈知道了一些以前不知道的你的优点。你跳绳跳得很好，梁老师说下次让你代表班级参加比赛；另外，你的性格很活泼，这给同学们带来了很多的欢乐……"小娟听到这些开心地笑了。妈妈接着说道："你想一下，如果老师没有向妈妈反映你的那些错误，妈妈怎么能帮助你去改正呢？如果老师没有请妈妈去学校，妈妈又怎么会知道你在老师和同学心目中是怎么样一个形象呢？所以，不要觉得被请家长是件丢脸的事，这只是一种会帮助你进步的方法……"

老师偶尔请家长是可以的，但不要太过频繁，而且在老师请家长前，建议先和自己的学生进行沟通。如果学生可以在这次沟通中改正错误，

81

那么就没有必要再请家长了。孩子的心是敏感的，因此他们会认定被请家长是件丢脸的事。而有时候，孩子需要家长到学校配合才能转变思想、改变习惯。有些孩子表现不好，可能是家庭环境或者性格原因造成的不良习惯，对学习和生活都造成很大困难，我们必须要和家长沟通。一个不良习惯的养成必然是长时间的疏忽和松散造成的，和家庭有着密切的关系。家长从学校回来后，更不要在孩子面前表现出自己的不满，而是要让孩子明白，老师请家长去学校是为了让他更好。

心灵透视镜：

　　我们请家长来的目的是解决问题，而不是制造新问题，所以一定要看到请家长的具体情况。老师应该根据实际情况来处理工作中的问题，而不是动不动就叫家长。万一事与愿违或者适得其反，反而是不值得的。同样，青少年们不要把被请家长看成是一种丢脸的事，这几乎是每个孩子在读书时期都会遇到的事情而已。

第23堂课：知识是获得财富的密钥

——帮孩子走出想赚钱不想读书的误区

有一尊神，眼睛方正，脸色殷红，圆脸上刺了些符号，身上热气冲天却又夹着臭味。许多人围在他四周叩拜，十分诚恳恭敬；也有些人在既不以为然，又舍不得离开，站在旁边观望着。

有人发问："这是什么神？有哪些功绩？为什么如此不可一世？"

神傲慢地说："我的功绩无可限量。没有我，天下人皆会穷苦困顿、难以生存。高官富甲对我孜孜以求，得到我便不可一世；平头百姓对我恭顺有加，希望我能青睐于他们。官吏没有我就失去为官的乐趣，商人没有我就不会勤劳的经商，交游没有我就无以为继，文章没有我就难以显达，气质没有我就勿谈高贵，亲戚没有我就不会亲近，家庭没有我就必然失和，连爱情和生命如果失去了我也不能持久。你说，普天之下，还有谁有我的功绩大呢？"

一位不服气的年轻人站出来说："可是，当初人类从洪荒中走出来时并没有你，千百年的捕鱼耕田也不见你的身影，反而是你出世以后，才搅得世道纷乱，人心不古，各种罪恶因横生。人们开始损人利己，尔虞我诈，敲诈勒索，弄虚作假，走私贩毒，巧取豪夺，行贿受贿，狂赌乱嫖，卖身求荣，草菅人命，醉生梦死……这些都是拜你的诱惑和推波助澜所赐！你制造争斗，亲近邪恶，败坏人心，这些都是你所谓的功绩？你驱使天下数不尽的人为你忙碌奔走，即使正直纯朴的人也很可能受你的影响和而变得自私可憎。你说，你功在哪里？绩在何方？"

这尊神沉吟了一下道："你这小子血气方刚又稚气可爱，你发表的这一通演说实在是正确极了，但它恰恰显示了我的神通广大，而且也说明历史发展的必然过程，同时也揭示了人的本性。在以后相当长的一个时间里，我仍然会大受欢迎，是人不可缺少的目标和原动力。不信，你就等着看，哈哈！"说完，这尊神仰天大笑，转身离去。这时，大家才看到在他的背后刻着一个硕大无比的"钱"字。

上面的寓言深刻地说明：钱的确很有神力，但也有巨大的危害性。我们应反对"拜金主义"，让钱回到"实现商品交换价值"的本位上去，发挥其应有的作用。

金钱观就是对金钱的认识、分配与使用方法的思考与行为模式。现在的孩子在很小的时候就认识这个神奇的物品，如果能给予正面的教育与示范，就能帮助孩子在处理金钱事物时养成良好的习惯。对青少年来说，家庭的影响往往是最直接的场所，孩子是很擅于模仿的。所以大人的一举一动，无一不影响着孩子的成长。例如，现在有些家长从小就给孩子使用很多名牌产品，并用大量的金钱来满足孩子的各种需求，只要自己能用钱解决的事情，从来不会对孩子说一个不字。正是因为这样，很多青少年，到了初三一毕业，就连高中也不想上，只想着快点步入社会，早早地赚钱。如今青少年中的高消费现象，扭曲了孩子间的人际关系，加重了家长的经济负担，不利于他们的健康成长。因为他们从父母那里得到的信息就是"金钱就是万能的""你看，我爸妈常常用钱就能帮我解决了很多问题""既然这样，还浪费时间来读书干什么？不如直接出去赚钱"……

孩子不是生活在真空里，会感觉到每个人财富的多寡不均。有一次在论坛里，有一个家长说自己家远不如亲戚家富裕，怕自己的孩子感觉心理不平衡。有一个教育专家就回答说：除了全球首富，世界上所有人都会在经济条件上比某些人差，这是不可避免的事。首先家长对此要看透并泰然处之；其次，要让孩子知道，他人之所以获得财富，是因为他们有自身的努力、别人的帮助以及机会等原因。教孩子用平和的心态对待他人的成功，用他人——尤其是自己亲人的成功鼓励孩子去努力和效仿。同时，要让孩子意识到自己的特点，哪怕只是很小的特点，但有别于他人，让孩子以此为荣，建立自己家庭的家风和传统，以激发孩子的自信心。这些绝不仅仅是一个大人省钱的问题，而是培养磨练孩子心性、教孩子如何认识世界的重要过程。在这过程中，让孩子逐步认识到，金钱不是评判他人的唯一标准，还有品行、情趣、性格、特长等很多因素。

孩子常常会天真地进行比较：你家的房子有多大，我家的房子有多大，这是孩子正在认识现实的世界，重要的是成年人如何去进行解释。如果家长简单地说，他们家有钱所以房子大，那么给孩子的是一种简单的答案；如果给孩子说明房子的地理位置、外形、设计、房主对房子的爱护之情等其他方面，孩子接触到的价值观就更多元，金钱就不会成为唯一的标准。在这个物欲横流的世界里，要让孩子有健康的金钱观，家长的心态和引导方法非常重要。

心灵透视镜：

　　孩子生活的空间无非就是绕着学校和家在转，因此身为孩子启蒙老师的家长一定要给孩子做出一个好的表率作用。让孩子知道赚钱不容易，才能让他们懂得花钱应该谨慎。与其过度宠爱孩子，让孩子被错误的金钱观误导生活方式，不如让孩子懂得节制和取所当得，在付出努力中，领略金钱所带来的成果。

第24堂课：别怕，考的都是"基本功"
——帮助孩子缓解考试紧张的情绪

张老师最近接到自己的学生小丽的妈妈打来的电话。小丽的妈妈反映，自己的女儿心理调节能力很不好。无论是大考还是小考，都会特别的紧张，只要隔天有考试，小丽必定会到深夜三，四点都睡不着觉。自从上次物理测验后，小丽的情况变得越来越严重，隔一段时间就会变得难以入睡，有时候还需要妈妈陪着她睡觉。睡眠不好后，导致性格也变得很暴躁，经常发一些无名之火。而随后的期末考试就要来临了，小丽的父母很担心她。而小丽的父母也因此去医院咨询过医生，医生也给小丽开了一服类似安神的药，但全都不管用。因此小丽的父母希望能得到张老师的帮助。

张老师接完小丽妈妈的电话后，开始思考这个问题。她细细回忆一些小丽平时在学校的情况，发现小丽是一个较为活泼的小女孩，和同学们之间的关系也较为融洽，成绩也属于中上水准。但是张老师也发现了一个问题，那就是她的成绩是属于极不稳定的类型，偶尔考得很好，一跃就上了班级前五名。有的时候，又发挥失常，一下落到了中下水平。以前，张老师一直认为，可能是小丽贪玩没复习好，所以导致的学习成绩不稳定。今天听到小丽妈妈的话，才知道，小丽是因为考前对自己施加的压力太大，而诱发了考试焦虑症。这样的情况，在报纸和电视上偶有看到，有些学生因为考试太过焦虑，还会导致在考场里晕倒，或是发生其他的状况。

　　张老师找物理老师查看了小丽上一次物理考试的情况，发现小丽只考了61分，刚刚过了及格的分数线。张老师决定先不找小丽谈话，而是先让物理老师单独把小丽请到了办公室，给她讲解了上次物理考试时她答错的那些题。经过几天的辅导后，张老师再给小丽的妈妈打电话询问小丽的近况时，小丽的妈妈称小丽最近的状态稍稍有些恢复了。经过了解，张老师大致清楚了小丽的心理状况。原来小丽患了所谓的"考试综合征"，她一直都担心自己考不好，老师会在公布成绩的时候批评她，觉得自己实在是太笨了。

　　当青少年的紧张情绪超过了一定限度，就会妨碍孩子的正常生活和学习，还会导致考试失利，且会持续很长一段时间。发生频率过于频繁的话，那就是焦虑过度了，属于考试焦虑症。考试焦虑的孩子往往比较内向、敏感、多虑、缺乏自信，他们往往平时比较温顺、老实，自制力和自尊心都比较强，做事认真负责。

　　若孩子正处在紧张焦虑的漩涡之中，作为父母，又该如何帮助孩子呢？

　　治疗孩子考前综合征的方法主要有两种：教育治疗和心理治疗。

　　教育治疗主要依靠的就是父母日常生活中的潜移默化，让孩子学会压力释放的方法。家长要给孩子创造一种轻松、快乐、和谐的生活和学习环境，不要让孩子遭受到过于强烈的精神刺激，也不要给孩子太大的心理压力。对孩子说话的时候，多使用鼓励性、表扬性的言词。孩子被肯定的次数多了，受到鼓励的次数多了，信心自然就树立起来了，焦虑当然也会得到很大的缓解。

在心理治疗方面，首先医师会给予生理和心理方面的知识教育，同时还会根据情况具体选用精神分析法、深度放松疗法、催眠疗法、积极心理治疗等心理疗法，以帮助孩子驱散焦虑的阴影。

心灵透视镜：

世上没有常胜将军，一次考试的失败，并不能证明一个人是聪明或是笨的，更不能决定一个人的命运。一次考试成绩的产生只是反映出孩子最近学习的一个状态，考查掌握内容的好坏。老师或是父母帮助孩子分析试卷上出现问题的原因，不仅要找出解决问题的相应方法，还要找出进一步提高的措施，做到查缺补漏，达到有重点、有针对性的高效率学习。

第25堂课：你在羡慕别人时，别人也在羡慕你

——教会孩子把嫉妒变为超越

这堂课，我们先做一个心理测试：

你的嫉妒心强吗？

和朋友一起走进森林时，遇见了坏巫婆，然后被魔法变成了动物的样子，我被变成了狐狸，那么朋友会被变成什么动物呢？

A. 鹿

B. 熊

C. 兔子

D. 松鼠

测试结果：

A. 选比自己还大的动物的人是宽容的，在四种动物里头，选像鹿一样那么大的你，与其说你会嫉妒对方，不如说会和朋友一起共享喜悦。

B. 你是神经很大条的人，虽然这么说来好像是件坏事，但是不会嫉妒其实很好呢！这是因为对自己有自信，所以才不会去嫉妒别人。

C. 你会在不知不觉中嫉妒朋友。例如：怎么他好像考试的成绩都比我好之类的，不过一般说来，任何人都拥有这种程度的嫉妒心。

D. 人如果可以去探索别人和自己的优点，嫉妒的强度应该也会自然地减弱；有自觉的嫉妒也不要紧，因为没有自觉会使你得阴郁、可怕，所以要注意哦！

就青少年而言，学习是他们当前的首要任务，而学习成绩则是评价孩子的重要指标之一。因此，当有些青少年学习成绩不够好时，就较为容易嫉妒和讨厌学习成绩比自己好的同学。而这些孩子的心理其实在青少年中是常见的，例如别的同学因为学习成绩好或是别方面表现优秀而受到了表扬，那么有的孩子会暗中不服气，有的则公开挑同学的缺点和毛病，也有的是故意表现出无所谓的态度。其实，他们的心理反应是："有什么了不起，只要我肯努力，我也做得到。"

青少年们之所以会产生嫉妒和讨厌学习成绩比自己好的人，大部分的原因就是来自于学校和家长。现在大部分的老师偏爱学习成绩好的学生，无论学校有什么活动，都会优先考虑此类学生，就连在安排学生座位的时候，也习惯性地把成绩好的学生安排在前面，而学习成绩较差的学生就安排在后面。还有的老师面对学习成绩好的学生都是"眉开眼笑"，可是当一转脸面对学习成绩较差的学生时就会"横加指责"。而家长则是习惯性的攀比，每次一批评自己的孩子就拿班上成绩好的同学来说，类似于什么"你看，××同学为什么学习成绩就是比你好""别人家的孩子为什么就是比你争气呢"……长此以往，会让孩子产生逆反心理，从而讨厌某些学习成绩比自己好的同学，进而导致厌学情绪的产生。就有一个这样的案例，直到今天提及仍让人感觉心惊肉跳：某高中一女生因为嫉妒同班一位女生学习成绩比自己好而受到老师的优待，在晚上趁该同学睡着之际，把硫酸泼向了她的脸……那次悲剧的产生，难道老师和家长不该负一定的责任吗？因此，孩子的嫉妒心理，很大程度上是大人们潜移默化的影响和熟视无睹的默认造成的，并随之根深蒂固。

作为老师，应该调动每个学生的积极性，做到公正公平地对待每一位学生；而作为家长，不要常拿别的孩子的例子来贬低自己的孩子，这样在潜意识里就破坏了孩子和同学朋友之间的和谐关系。老师和家长们都要知道，学习成绩好并不是唯一的教育目标。

李文娟的妈妈在给她整理房间的时候，无意中在地上捡到了一张小纸条。这张小纸条让李文娟妈妈看得心惊肉跳：上面用笔画着一个小人，然后小人上面被重重地画了一个很大的叉，而旁边还重复地写着一些字："冯宜静，我讨厌你！"李文娟的妈妈立即拿着纸条冲到客厅，问李文娟这是怎么一回事。

冯宜静是李文娟的同学。李文娟认为，冯宜静是一个很得老师偏爱的学生，这次学校的歌咏比赛，班上要选一位代表参加，老师马上就选了她。大家明明都知道平时李文娟的音乐成绩是最好的，歌也唱得最好，不就是学习成绩比自己好吗？老师凭什么选她？

后来的事态越发有些严重了，老师把李文娟的妈妈请到了学校。原来，李文娟居然带领班上一些同学把冯宜静的课本扔到了水沟里，还常常当着全班同学的面挑冯宜静的毛病，比如自习的时候，老师安排冯宜静管理班级纪律，老师才出教室不久，李文娟就开始和同学开小会，并带着自己的"小团体"和冯宜静作对。

现实中的人必然是有差异的，不是表现在这方面，就是表现在那方面。承认差异就是承认现实。要使自己在某方面进步，只有靠自己努力，嫉妒非但于事无补，还会影响自己进步。提高自我意识水平，是克服嫉妒心理的基本途径。运用正确的方法去学习去竞争，才会成功。

话又说回来，其实嫉妒也并非完全不好，只要那份嫉妒没有恶意，那就坦然接受，让嫉妒成为孩子前进的动力好了。一个有正常价值观的人，不会被那些不可控的嫉妒带上绝路，反而会凭着那股不屑，付出更多的努力达到更高的目标。

心灵透视镜：

嫉妒是不良的心理状态，是由于与他人比较，发现别人在某方面比自己强而产生的一种羞愧、不满、怨恨、愤怒等组成的复杂情绪。而青少年嫉妒心强是不成熟的表现，只要能正面引导就不难去克服。让孩子们经常反问自己："我做得够好了吗？我有什么优点？有什么缺点？跟之前相比我进步了吗？我嫉妒那位同学能帮助我进步吗？"只要能做到自我检讨，那么我们有理由相信，这离进步不远了。

第26堂课：可以没有学历，但不可以没有能力

——让孩子懂得文凭决定不了人生

一个人可以没有文凭，但不可以没有知识；可以没上过大学，但不可以不学习。文凭只是学历的证明，它反映一个人接受教育时间的长短和拥有知识量的多少，但并不能简单地等同于水平和能力。因此文凭不等于成功，充其量是个文化招牌，它就像一块敲门砖，敲开了门之后就要看自己的真本事了。

现在整个社会都存在追求高学历的"学历情结"，促使不少学生认为学历很值钱，只有高学历才能找好的工作，才能找到出路。而现在随着社会形式的改变，学历越来越不吃香，更多企业宁可录用专科毕业的学生，也不愿意录用研究生。据调查，很多企业反映，大部分研究生倚仗着自己的高学历，在要求薪水的时候就漫天开价，而在试用阶段就暴露出了很多问题，很多大学毕业生，常常只知道一些理论知识，一等动手实践时，就一脸的茫然，一无所知。

当然，强调文凭不能决定人生的同时，并不能否认学历教育的作用。这主要在于，很多青少年都想着：只要我考上了大学，那么日子就轻松了，把大学四年混过去，学习不用功，只等着考试的时候作弊。等拿到了大学文凭，就一定能找到一份好的工作。这种想法显然是错误的，在现代社会中只要没有知识就会被社会所淘汰，记住，"学历"并不等于"学力"。

李家辉就要念高中了，念高中就要开始分文理科了。父母对此还是比较注重的，两个人开始拿出李家辉的成绩表来分析，想从中分析出李家辉究竟适合念哪科。可是相反，李家辉就一脸轻松，当父母问他自己的意愿的时候，他大部分都说："随便了，念哪科都差不多的。只要能和好朋友们在一起就好了。"父母一开始都以为自己的儿子是心态好，因此选文科还是理科都不重要。但后来经过一次无意的交谈后，他们才知道，儿子是认为，只要能考上一所大学，拿到了大学文凭，那么以后人生道路就永远畅通了。

李家辉的爸爸开着一间广告公司。这天，李家辉的爸爸决定带着他到自己的公司里去玩一天。在这一天里，李家辉观察到了两个人：一个是一位很年轻的同事，非常的有魄力，只要是下属提出的问题，他都能轻松回答，并且大家看上去都很服他；而另外一位同事工作却频频出错，常听到有电话过来责问他工作的事，而他在受到责问后就更加的手忙脚乱、不知所措了，每出现这样的局面，都得靠同事来帮他解决。

晚上回到家后，李家辉忍不住向爸爸问起了这两个人。原来那位有魄力的同事是一个部门的经理，姓杨，是一位非常有能力的人，常常能看到别人看不到的问题，是公司的顶梁柱。而另外一位则是公司一位入职有一年半的员工，姓何，平时工作经常出错，人也比较懒散，有点不思上进。听爸爸说完这些，李家辉若有所思地点点头。可是接下来爸爸说的话让李家辉非常吃惊：原来那位有能力的杨经理，仅仅是专科毕业；而那位做事常出错的员工则是本科毕业生。李家辉露出一副怀疑的表情来。

爸爸笑道："不相信吗？你只看到他们的学历，却看不到别的。我和你说的是杨经理在学校拿到的专科学历，而且还仅仅是一所二流的大学。当时人事部门和相关负责人决心录用他的时候，也由于他的学历问题而考虑比较长的时间，后来才决定试用他的。但是后来，他的表现得非常不错，除了平时工作认真负责外，也从来没有停止过学习，他报读了很多科目，每个月至少都有两天是要去上课的，所以他在短短的两年半里就升到了经理这个职位，很多在公司时间比他长的人都成了他的下属。而小何呢？虽然是本科毕业生，却心比天高，有些眼高手低，觉得自己文凭高，就不愿意去向别人请教问题，都是在完成自己本职工作后，就不愿意再去学习别的东西了，因此现在工作起来才会越来越吃力，他的上司已经在考虑要不要继续留用他了……"

听完爸爸的话，李家辉略有所悟。

因此，我们要让孩子明白一个道理，文凭成就不了人生，虽然这有可能是一块敲门砖，可是当大门敲开后，接下来的工作和生活只能靠自己的知识和水平。只有努力地学好知识，多充实自己，才是最有用的资源。现在很多大学毕业生都找不到工作，正是因为他们缺少了一些技能，虽然拿着本科文凭，可是在面试的时候却一问三不知，很明显那大学四年就是混出来的。当然，学好知识仍旧是一件很重要的事；考上好的大学后，在大学里会获取更多知识，这对孩子将来走上社会是非常有帮助的。但记住，千万不要对文凭有太大的依赖性。

文凭不等于水平，学历不等于能力。文凭可以混，但人生却混不了，社会需要各种不同类型的人才，既有知识型、研究型的，也有创业型、技能型的。人才成长的途径是多种多样的，综合提高品德、知识、能力等情况，而不能以偏概全，唯学历是举，这样才能成为有用的人才。

心灵透视镜：

　　像青少年这种只要"考上了大学就行"的心理，正是家长与社会给他形成的价值观。对于学校和家长来说，应该关注怎样提高教育质量，以高的教育质量来教育孩子。只有这样的举措，才能提供给受教育者有质量的教育，也才能使受教育者在社会中突显自己的学历之外的其他能力。

第三章

经历的越多，幸福的回忆也越多

——挫折教育能使孩子真正享受生活带来的喜悦

第 27 堂课：贫穷是可以改变的
——让孩子努力改变自己的处境

这是一则童话故事。

有一天森林里要召开运动会了，森林之王老虎作为运动会的主席，开始召集大家来参加运动会。而这个运动会要求小动物们分为几组，自由组合。小花是一只骄傲的小兔子，她为自己有着洁白的毛皮、漂亮的外表而自得不已。在分组的时候，小花开始极力拉拢一些她认为能力很强的小动物们，什么小狐狸啊小孔雀啊……这时候，小猫——在边上怯生生地开口了，他也想加入小兔子这一组。小兔子不由分说就拒绝了，因为她觉得小猫——是个穷小子，由于家里穷，总得捡一些别人家扔的臭掉的鱼干吃，小花嫌他身上总是臭烘烘的。就这样，运动会主席将小猫——安排到了另一组里。

运动会很快开始了，前面几项小花这一组都很顺利，分数远远地超过了其他组。可是接下来的一项就是游戏接力赛了，这个项目要求所有组员都要参与。这下小兔子着急了：这可怎么办呀？自己不会游泳啊。前阵子妈妈把自己送进了游泳训练班，自己还是学不会。临到小河旁的时候，小花胆怯了，颤抖着身子不敢下水。而这时候，不知道谁从后面推了她一下，她掉到了水里。小花吓坏了，拼命地叫着救命。在小花将要沉下去的时候，小猫——游了过来，救起了小花……

家境的好坏不能代表一个人人品的好坏，或是能力的高低。仅凭别人的家境来判断一个人，这是肤浅的表现。

在学校里，有些富裕家庭的孩子是不愿意与穷孩子交朋友，这就是所谓的歧视。他们觉得穷学生们衣着寒酸，更认为穷学生们不爱干净，因此不喜欢和他们来往。

无论是在学校还是在社会，穷与富总是存在着矛盾的。据调查显示，来自贫困家庭的学生大多这样评价家庭富裕的同学："衣来伸手，饭来张口""学习不努力，高傲自大""总是嘲笑家庭情况不好的同学"；而来自富裕家庭的学生在评价贫困家庭的同学时，则说他们"自卑""太孤僻、内向""视野太狭隘"等。无论来自贫困家庭的学生还是来自富裕家庭的学生，自我评价一般都比较高。如贫困家庭学生大多认为自己"好学、踏实、勤俭节约"等，而富裕家庭的学生则大多认为自己"乐观开朗、活泼向上"等，要消磨这种同学之间的隔阂，首先就要去了解一下自己的同学是什么样的人，而不单单从家境的好坏来判断。

穷人，本质上也不想做穷人，可是他们暂时没有能力改变自己的生活状态，穷孩子的父母大多是因为没有受到太好的教育而无法找到较高收入的工作，也有的因为疾病造成的。也许马上就会有同学会问：那他们为什么不去念书呢？他们当然想，可是那些高额的学费并不是所有人都能负担。正因为穷孩子的父母意识到了知识的重要性，因此才努力地工作去给孩子挣学费，希望孩子可以学有所成，改变自己的贫困。穷孩子大多是勤奋的，他们每天和同学们一样努力学习，可是回到家后却不能好好休息或复习，而是尽量抓紧时间去帮助父母分担一些家务，所以中国一直有一句俗话："穷人家的孩子早当家。"

丹丹马上就要过生日了，因此老和父母念叨着要请哪些同学来家里过生日。这天，丹丹带了几位同学来家里一起做作业，因为客厅比较大，大家就都围在客厅的桌子边做作业。而丹丹的妈妈也为他们准备了点心水果和饮料等，让同学们饿了的时候吃。同学们环顾着丹丹的家，大多露出羡慕的眼光。丹丹的这群朋友本身家境也不错，可是丹丹的家境还是略胜一筹的。这时候丹丹说道："周六我要过生日了，到时请大家都来啊，还有一些同学，我也要请过来，像王明、李帅、晓虹等。"这时候，有一位同学开口说道："你不请你的同桌黄丫过来吗？"丹丹撇撇嘴说道："我才不要请她呢，她家那么穷，衣服总是脏兮兮的，来了我还怕把我家弄脏呢。你们知道吗，我常看到她带到学校去吃的饭盒里能吃出一根头发来，恶心死我了。"

　　丹丹的妈妈也听到了这番话，心里不由得咯噔一下：孩子什么时候那么嫌贫爱富了？才高二的学生怎么会变得那么势利？丹丹妈妈越想越不安。等丹丹的同学走后，丹丹妈妈问道："丹丹，刚才你们提到的黄丫不是你同桌吗？怎么你好像不大喜欢她呢？"丹丹答："对啊，妈妈，我不想和穷孩子做朋友，她的衣服看上去总是显得不干净，一个星期来来去去就穿那两件衣服……"丹丹妈妈沉默了，过一会儿她说道："周六你生日，必须把黄丫也请来，否则生日会就不办了。"丹丹还想和妈妈争辩，可是看到妈妈严厉的眼神，就不敢说话了。

　　周六如约而至，同学们都来了，黄丫也来了。丹丹妈妈很快发现，黄丫是一位很有礼貌的女孩子，很安静，不喜欢大吵大闹，而且在丹丹妈妈摆放水果和碗筷的时候，她都在一边默默地帮助。等生日会结束后，丹丹开始坐在沙发上拆礼物，礼物的盒子上都写着赠送人的名字。同学们出手都很大方，有送台灯的，有送MP3的，有送鞋子和衣服的。等拆到黄丫那份礼物的时候，丹丹嫌弃地说道："肯定是不值钱的东西。"可是打开后，却让丹丹眼前一亮，忍不住激动起来。原来那是一幅精致的贴布工艺品，妙就妙在，上面的贴布画是一位小女孩，那小女孩的神态和丹丹有九分相似。里面还有一张手工做的贺卡，上面画着一个卡通版的小姑娘，也是按着丹丹的模样来画的。

过了几天，丹丹心事重重地回到了家。原来下午放学后，丹丹去黄丫家玩了。到了黄丫家后，丹丹才知道，黄丫的父母长年在外打工，只有一位眼睛失明的奶奶和她相依为命。平时黄丫带到学校的饭，有的时候是奶奶给她做的，因为眼睛看不见，所以常常有头发掉到饭盒里，她也没有发觉……

孩子都是父母的掌中宝，如果有条件，谁不想自己的孩子过得好呢？可是有些同学家庭条件不好，他们身上仍然有很多闪光点。这些孩子也许学习成绩优秀，或是很爱帮助人，为人也不骄傲……他们的这些优点，是很值得学习的。

有一则寓言故事就很好地说明了这一点：

东汉时期的公孙穆非常热爱学习，许多人都因为他好学而对他交口称赞。

公孙穆读了一些书后，还想进一步扩大知识面，但是靠自学又觉得力不从心。那时候设有太学，太学里的老师知识渊博、见识很广，公孙穆很想去那里学习。可是上太学需要交一大笔学费，而公孙穆家里很穷，出不起这笔钱。公孙穆想不出什么主意来，只好先暂时停止了学习。为此，他苦恼极了。

有个富商名叫吴裕，十分通情达理，对人总是很诚恳。有一次，他要招雇一批舂米的工人，派人把消息放了出去。公孙穆高兴极了，想：这下可有机会赚钱交学费了！虽然给人舂米在当时被认为是低贱的工作，但公孙穆却顾不得这些，他打扮成干重体力活的人的样子就去应征了。

一天，吴裕到舂米的地方巡视，他东瞧西看，最后在公孙穆身边站住了。公孙穆正拼命舂他的米，干得满头大汗，并没有注意吴裕在他旁边。

吴裕觉得公孙穆的动作很不熟练，体力也不怎么好，不太像一个舂米工人，就问他："你为什么会到我这儿来工作呢？"公孙穆答道："为了赚钱交学费。"吴裕道："哦，原来你是个读书人啊！怪不得看你斯斯文文的，不太像工人。别干了，咱们俩聊聊！"

他俩谈得十分投机，相见恨晚。后来，两个人结成了莫逆之交。

吴裕并没有因为贫富悬殊而看不起公孙穆，反而同他交上了朋友。这种精神是很可贵的。交朋友不应以贵贱、贫富为标准，而要更看重一个人的才识和品行。

家境不好没有关系，心态要好，我们要教孩子努力用自己的力量去改变生活，那才是生活的强者。家境好的孩子也不要太过骄傲自大，告诉孩子现在所拥有的一切也仅仅是父辈们经过多年的努力打拼换来的。记住，心态决定一切。

心灵透视镜：

　　我们生活在现实的世界里，不可避免地会出现贫富差距，很明显地，这些差距也会反映在校园生活中。社会中的人们，可以分门别类地自己过自己的生活，可是在校园生活却不一样，可能一个班级里会出现很富有的孩子和很贫困的孩子，他们每天朝夕要处，每天面对的是一个世界，所以富孩子与穷孩子之间就会产生矛盾。因此，青少年们在相处的时候，同学之间首先考虑的不是对方家庭怎么样，而是彼此之间是不是有默契，是不是有共同的信念，有共同的理想追求，一个学生合不合群主要是看他平时主不主动去和他们交流，探讨一些比较感兴趣的话题。所以要打破孩子之间的矛盾，就要主动地去了解问题的所在，进而化解矛盾。只要认清了这点，大家就可以携手并进，打造充满希望的未来。

第28堂课：名牌商品不如名牌心灵

——让孩子明白物质攀比是虚荣的表现

攀比是一种普遍的社会现象，也是一种文化、一种心理、一种行为。青少年处于人生的成长期，他们在"比"中认知，在"比"中体验，在"比"中反思，在"比"中成长。攀比有正面的，也有负面的，而物质上的攀比则是虚荣的表现，这会造成青少年对金钱的崇拜，容易形成相对扭曲的人格。由于青少年正处在自我意识的快速发展时期，与别人比的过程也是张扬自我的过程，对于许多人来说，在攀比中能够展示自己的能力与魅力，吸引更多同学的关注，因而乐此不疲。

如今在校园中形成的攀比风越来越严重。不管是男生女生，都在攀比谁穿的时髦，谁用的手机款式最新，谁用的东西是进口的，谁经常去星巴克或是必胜客。这些学生们只管大手大脚地花钱，以凸显自己的"优秀"和"与众不同"，却不会注意勤俭节约，塑造自己的精神文明。攀比物质享受是一种腐蚀剂。中学生还不是生产者，而是一个消费者，吃穿住行每一个方面都得依仗别人，所以说中学生是在花别人的钱，享用别人的劳动果实。把自己的奢侈追求建立在家长辛勤劳动的基础上，这对每个家庭来说都是一个沉重的负担。

曾强这几天一直在闹别扭，回到家也不愿意和父母说话，有时候连饭也不吃，直接就回房间睡觉。原来，曾强是校足球队的，班里有几名同学也是，因此常常放了学就在一起练球。正因为天天在一起练球，曾强才发现，同学们穿的都是名牌鞋，不是耐克就是阿迪达斯；再望望自己脚上的鞋，却仅仅是一百多块钱的国产球鞋。

因此，曾强向爸爸妈妈提出要买一双新款耐克鞋的想法，可是当即就被父母拒绝了，这让他很窝火，还为此和父母吵了起来。曾强认为自己的父母太小气，连一双好一点的鞋子都不买给他。而曾强父母却说：买给他的鞋虽然不是什么大牌，可也是国内的知名品牌，而且鞋子质量和款式都不错，才穿了三个月，鞋子也没有坏，为什么就非要买新的呢？为这，曾强和父母之间产生了分歧。

攀比是一种虚荣的表现，只有在精神方面空虚而自卑的人，才会想着在物质方面和别人去攀比。父母并不是吝啬，舍不得那几百块买名牌的钱，而是不想孩子养成这样一个坏习惯。大家应该在自己能力之内减轻父母的负担，这样才能锻炼自己，成为一个有用的人。

攀比心理有正性攀比和负性攀比两类：

正性攀比是具有积极意义的攀比，具有正性攀比心理的孩子可以在理性意识的驱使下产生竞争欲望，正当参与竞争，同时具备克服困难的动力。

负性攀比则相对消极并带有一定惰性，一味沉溺于攀比、对自身和周围环境理性分析的缺乏使孩子由攀比产生繁重的精神压力同时陷入思维死角对自身价值进行否定，追求名牌就是负性攀比的明显表现。

在孩子的攀比心理不严重时，我们要找到导致孩子产生负性攀比心理的成因，有理有据地引导孩子"走向"正性攀比。有时，孩子向我们要名牌可能仅仅是因为他自信心不足，希望通过"名牌"弥补不足，也有孩子是性格敏感所致，当这类孩子看到同学受到老师的表扬和同学的喜爱时,认为自己不如别人,心理不平衡,试图用"名牌"提升优越感。对这类孩子,我们要和老师多沟通,请老师和我们一起多表扬和认同,增强孩子的自信心,提升孩子的优越感,千万不要强硬拒绝孩子的要求,加重孩子的负性攀比心理。

当下电视广告和网络传播对名牌的宣传力度很大,有些家长本身也追名牌,用名牌来彰显身份、地位和财富,这些都对孩子造成了很大的影响。只有家长以身作则,平时合理消费,不铺张浪费,引导孩子树立"适合自己的才是最好的"观念,才能从根本上杜绝孩子产生负性攀比心理。家长可以在日常生活中给孩子透个"家底",让孩子了解"家情",在孩子出现追名牌的苗头的时候,不妨让孩子了解家庭的实际收入,平时去超市时让孩子帮忙选购食品和日常用品,如果贵了就让孩子放回货架,让孩子了解家庭消费能力。

另外,在平时和孩子聊天时,也要灌输给孩子内在美比外在美更重要的观念,让孩子明白学生最重要的任务是学习,不是攀比和消费。

心灵透视镜:

"名牌"已经成为许多中学生追求的目标,尽管很多学生的家境并不富裕,却也要硬挤出钱去满足孩子的攀比心理,这样只会让孩子变得世俗和虚荣。孩子们暗暗较劲的,其实并不是档次不一的鞋子和书包,而是某些微妙的心理。要早点阻止孩子虚荣心的产生,就要做到不纵容孩子,这样孩子才可以在健康单纯的环境下成长。

第29堂课：尊重别人就是尊重自己
——让孩子懂得每个人的人格都是平等的

平日里，我们会说尊重他人，可究竟什么是尊重他人，如何尊重他人，其实很多时候我们做得都不够好，或者说尚有欠缺。尊重是对他人发自内心的尊敬和重视的真诚情感，尊重就是设身处地的换位思考，青少年们更应当尊重身边的每一个人。

兰兰是一位娇气的小公主，人长得漂亮，学习成绩也不错，从小就在大人与同学的簇拥下长大。一直到上了初二，自己的球鞋还是由妈妈帮她洗的。真的就是所谓的"十指不沾阳春水"，这也就养成了兰兰心太高的性格。

兰兰家住在一个高级小区里，每周末都会有一个收废品的老人在小区外边等着收废品，由于小区管理很严格，这位老人是无法直接进入小区的。因此，老人总是站在小区外等着从小区出来的人，询问有没废品要卖。除此之外，老人还会在小区周围的垃圾筒里翻找一些有用的物品。兰兰一直很不喜欢这个老人，每次周末看到这位老人时，都会捂着鼻子远远地躲开。

这天是周六，兰兰中午和妈妈从外边逛完街回来，刚要进小区门的时候，突然一个空的易拉罐滚到了她的脚边。她抬起脚正要踢走的时候，一只手伸了过来把易拉罐捡了起来。兰兰抬头一看，正是那位收废品的老人。于是她立即捂住了鼻子，皱着眉嚷道："快走开，臭老太婆！"听到这句话，老人身子微颤了一下，缓缓地转身就要离开。这一切都被兰兰的妈妈看在眼里，她快步走了过来，一把拉过兰兰，大声地说道："快去给老奶奶道歉！你怎么这么没礼貌，不会尊重人！"兰兰大声地说道："有什么了不起的，她不就是个收废品的吗？凭什么向她道歉！"兰兰的妈妈生气了，大声地说道："你呢？你又有什么了不起的？你花的钱是你自己挣来的吗？包括你今天买到的衣服，哪一件不是妈妈掏钱买的？马上去给老奶奶道歉！"收废品的老人看到兰兰和妈妈吵了起来，不好意思地走过来说道："算了算了，没事的，小孩子嘛，无心的，不用道歉，你们快回去吧。"兰兰的妈妈向老太太抱歉地说道："对不起啊，小孩子不听话，我马上让她和你道歉。"说完，转过身再次大声地对兰兰说道："道歉！"兰兰眼里含着泪水，说道："道歉就道歉，有什么了不起的，我说对不起就是了——对不起！"说完转身就跑进了小区里。

兰兰的妈妈跟着回到家里，心里沉甸甸的。她以前一直以为女儿不过是比别的孩子娇气了一些，可是想不到，她居然狂妄到这个地步，不会尊重他人，成了一个蛮横不讲理的孩子。兰兰的妈妈为此心痛不已。吃晚饭的时候，两个人都沉默着不说话。兰兰的爸爸看出了不对劲，于是开口询问。兰兰抢在妈妈前开了口："爸，妈妈今天为了一个收废品的在小区门口大声地骂我，太让我丢脸了！"接着兰兰就把今天的事情一五一十地说了出来。兰兰的妈妈听完，接了一句："你怎么没讲出重点？重点就是你学不会尊重他人，你骂那老奶奶臭老太婆，你侮辱了别人！"爸爸用询问的眼光看着兰兰，兰兰红着脸低下了头。

兰兰的爸爸说道："今天妈妈的确做得不够好，她是不应该当着那么多人的面大声责骂你。可是反过来想想，如果妈妈不这样，你会记住

111

今天的这件事吗？爸爸对你挺失望的，你不但认识不到自己的错误，还反过来责怪妈妈。你学不会怎样去尊重别人，那么你又凭什么叫妈妈或是别人来尊重你呢？那位老奶奶虽然仅仅是一位收废品的，可是她完全是靠自己的双手在赚钱。兰兰，你知道吗，这位奶奶的丈夫原本是一位军人，他是为了国家战死在战场。她的丈夫死后，她没有再嫁，也无儿无女，国家提出给她养老，她都拒绝了，她不想给国家添麻烦，她只想靠自己的双手来赚钱养活自己。可是你呢，你是怎么对待她的？爸爸和你说了那么多，希望你好好想一想吧！"

这一个晚上，兰兰在床上辗转反侧睡不着，白天那位老奶奶受伤的眼神在她眼前飘过，还有爸爸失望时那心凉的眼神，妈妈那失望的眼神……都让她心里很不安。她从来不知道自己是那么的不懂事，因为自己的任性不尊重人，而给他们都带来了伤害……

第二天早上，兰兰趁父母不注意的时候，悄悄下了楼。兰兰的父母在阳台上看到了这样一幕：兰兰对着收废品的老奶奶深深地鞠了一躬。

记住，我们应该教孩子尊重每一个人：尊重工人，他们给我们带来工业产品；尊重农民，他们给我们提供粮食；尊重老师，他们给我们知识；尊重清洁工，他们给我们整洁的环境；尊重残疾人，他们以永不屈服的精神去生活；尊重在炎炎烈日下收废品的老人，他们靠自己的双手来生活……青少年学会尊重他人，同时大人们也需要给予青少年们尊重，尊重永远都是相互的。懂得尊重他人的孩子，脸上永远都有着纯真的笑容。

心灵透视镜：

　　每个人都渴望被尊重，那么就要学会尊重他人，尤其要懂得尊重他人的人格，不要说带攻击性的话语。可以调侃说笑，但一定不能侮辱。告诉孩子你在侮辱他人的时候，只会让人看到你丑恶的嘴脸，让别人打心眼里不再喜欢你，也许从那一刻起你也就失去了别人的尊重。只有发自内心地对他人表示尊重，才能获得相应的尊重。

第30堂课：是不是我不够好

——让孩子明白理解需要相互沟通

在美国的一个乡村住着一位老先生，他有三个儿子，大儿子、二儿子都在城里工作，只有小儿子和他生活在一起，他很依赖这个小儿子。

有一天，有个人找到老先生说："尊敬的老人家，我想把你的小儿子带到城里去工作，并给他找个女朋友，可以吗？"

老先生说："绝对不行！"

这个人又说："如果我给你儿子找的女朋友、也就是你未来的儿媳妇，是洛克菲勒的女儿呢？"

老先生动心了。

这个人又去找美国石油大王洛克菲勒，对他说："洛克菲勒先生，我想给你的女儿介绍个男朋友。"

洛克菲勒让人把他赶出去。

这个人又说："如果我给你女儿找的男朋友、也就是你未来的女婿，是世界银行的副总裁呢？"

洛克菲勒同意了。

这个人又去找世界银行总裁，对他说："尊敬的总裁先生，你应该马上任命一位副总裁！"

总裁先生说："这里这么多副总裁，我为什么还要任命一个副总裁呢？"

这个人说："如果你任命的这个副总裁是洛克菲勒的女婿呢？"

总裁先生当然同意了。

虽然这个故事不尽真实，存在许多令人疑窦之处，但它在一定程度上体现了沟通的力量。这个故事告诉我们：沟通时，信心非常重要，只有心里认定了这件事对双方都有好处，才能获得对方的配合，取得沟通的成功。而且认定了这一点后，还要不屈不挠，不怕拒绝，直到取得最后的胜利。沟通是个很大的课题，非三言两语可说清楚。下面，让我们结合一个现实中的小故事来看看沟通的技巧。

小玲从小就是一个乖孩子，有什么事总喜欢第一时间和妈妈分享。可随着年龄的增长，她也开始有了属于自己的秘密，不愿意把太多的心事和妈妈一起分享。小玲有了写日记的习惯，可是写日记也是一件苦恼的事，她很担心会让父母看到自己的日记本，因此每天写完日记，都会把日记本锁到抽屉里，不让父母发现。

像小玲这个年龄的孩子都喜欢在网上交朋友，小玲也不例外。她通过网络认识了一位在台北念大学的哥哥。小玲非常崇拜这位哥哥，觉得他很厉害，可以到台北去上大学，而且小玲不懂的事，他全都懂。在小玲眼里，这位哥哥就是自己的偶像。这天小玲正打开邮件，要给这位哥哥回信的时候，妈妈端着一碗糖水进来了。小玲也不在意，接过糖水就要喝，这时候妈妈无意间看到了计算机桌面上打开的邮件。小玲看到妈妈在盯着计算机，迅速关掉了页面。妈妈刚才已经看到了信中的部分内容，再加上小玲的这个反应，妈妈当即起了疑心。她认为，小玲肯定是在网上认识了不良少年，说不定还和这位不良少年谈起了"恋爱"，要

115

不然为什么不敢让妈妈看那封信呢？神神秘秘的样子，一定是藏着什么小秘密。小玲对于妈妈这无端的猜测非常的生气，她认为自己长大了，本来就应该有自己的空间和隐私。妈妈不分青红皂白就这样说自己，还侮辱了自己的朋友，真的很不讲道理。于是母女俩就吵开了。

经过几天的冷战后，在爸爸的帮助下，小玲和妈妈进行了沟通。妈妈首先对小玲道了歉，为自己不尊重孩子的隐私感到抱歉。小玲看到妈妈诚恳的样子，就把整件事情的经过说了出来。原来，小玲和认识的这位哥哥，真的只是一般朋友的关系。透过这位哥哥，小玲知道了台北的各种文化和风景，这位哥哥更是帮助小玲解决了很多困难。并且，小玲还以这位哥哥为榜样，要努力学习考上一所好的大学……听完小玲的话，妈妈终于放宽了心。

经过沟通，小玲和妈妈都明白了，双方的理解来自于良好的沟通。

孩子到了青春期，往往就会把自己封闭起来，不轻易向其他人敞开自己的心扉。原本比较开朗的个性也逐渐变得孤僻，变得不大合群，也不再像小时候那样喜欢粘着父母，和父母的关系开始变得冷漠起来。这种情况的产生，正是因为我们与缺乏沟通。只要放开心扉去沟通，那么原本很多不应该发生的误解就会迎刃而解了。

在现实生活中，由于种种原因，孩子身上普遍存在自我意识过强、唯我独尊、唯我独享等问题。他们总认为：家庭成员都应该依着我、善待我、保护我、关爱我；老师也应该知道我的存在，理解我的心情，尊重我的权利，公平合理地处理问题。所以，在他们遭遇他人的误解尤其是不尊重自己等问题时，往往会因受不了委屈，用怨言和哭泣来倾诉，用愤怒和对抗来抗争，甚至用逃学、转学的方式来逃避。因此父母就应该引导孩子积极与人沟通，说明事情的来龙去脉和是非曲直，消除他人的误解，争取相互理解与体谅。

心灵透视镜：

对于青少年到了一定年龄后，性格突然改变、逐渐孤僻的情况，心理学上称之为"青春期闭锁心理"。这时候家长们就要做到"换位思考，平等相处"，让孩子感觉到他和父母之间是平等的，那么他就会愿意像对待朋友一样向你展开心扉了。因此我们说：沟通应以民主的家庭教育方式为基础，家长要尊重孩子的独立人格，接纳并体会孩子的感受及想法，像对待朋友那样对待孩子，与孩子交流时，鼓励孩子表达并注意倾听孩子的意见。

第31堂课：别让纯真被蛊惑
——教孩子防范别有用心的陌生人

在众多的伤害中，骗术是最普通的，也是最容易让孩子上当的。电视上与网上不知道出现过多少次，少男少女因为轻易相信别人的话而丢财丧命。也不记得有多少次，青少年因为纯真而轻信他人，从此再也回不到原来的生活。生活是复杂多变的，而青少年是单纯简单的，所以父母应该教导孩子了解骗术，从而保护自己，不要轻易去相信陌生人。

现在的骗子有各种各样的手段获得不义之财，骗术的伎俩也在不断翻新，简直防不胜防。发生在生活中的案件更是五花八门、千奇百怪，有骗老乡的、骗邻居的、骗同学的、骗朋友的，甚至还有骗亲人的，这都是因为人们的虚荣心和私欲造成的。他们利用人性的善良来满足自己的贪念，尤其是青少年涉世不深，更容易上当受骗。

归纳起来，社会上的骗子无非就是骗财或是骗人。直接骗取青少年的财产，或者是拐卖人口，特别是少女，以及欺骗青少年帮助自己做一些违法的事。因此，要告诉孩子：不要接受陌生人请吃、请玩，一些歹徒会以请学生吃喝玩乐为手段，骗到偏僻处后强行拉上车，拐卖到外地去；不要跟陌生人远离家门到陌生的地方去，特别是有人邀请你去某地旅游或游玩时，更要注意辨别；也不要轻信街头巷尾的招工广告，不顾一切地去应聘。

丁丁的妈妈最近发现丁丁神神秘秘的，总是把自己关在房间里，问起他，他只说在认真复习准备测试。妈妈想想也对，丁丁马上就要参加测试了，心理紧张也是正常的。可是有一天妈妈在收拾丁丁的房间的时候，从床底下翻出了三样东西：一件是一个奇怪的像 W 形状的塑料管，一共有三个孔；另外还有一个佛不像佛、观音不像观音的雕像，看上去质量很差；第三件则是一本书，封面写着"考试必过方法大集锦"。丁丁妈妈翻看一看，发现都是一些教人冥想的内容，可是又有说不出的奇怪感觉，因为里面的东西有点天马行空。例如有一章就是要求人平躺在床上，想象一束太阳光慢慢射入额中，然后想象着自己充满了能量，末尾还说这样的举动有利于考试成绩。

　　丁丁的妈妈疑惑极了，丁丁怎么会有这样的东西呢？等丁丁放学回到家，她就忍不住开口询问了。丁丁听完妈妈的困惑后，哈哈大笑道："妈，我本来还想给你惊喜呢，却先让你发现了。这三样东西可以保证我一定能考上重点高中呢！"说着，拿起那个 W 形状的管演示给妈妈看，丁丁把其中一个孔对着自己的嘴，另外两个孔则对着两只耳朵，准备好后，丁丁开始朗读课文。接着丁丁把管子给拿了下来，对妈妈说道："这样子，我念的课本里的内容就能很快地进入我的脑子里了！"丁丁妈妈目瞪口呆地看着丁丁演示完毕，哭笑不得。接着，丁丁拿过那个雕像说道："这个是考试必过神，只要我放到床底下，那么我考试就一定没有问题的！"再接着拿过那本书说道："这本书，说是只要按照书里的方法来做，那么考试就更加十拿九稳了，我现在三种都在使用，这是三保险呢！"说完得意地看着妈妈。妈妈无奈地问道："这些东西，你是从哪弄来的？"丁丁答道："我那天等公交车的时候，认识的一位好心的叔叔，是他把这三样东西卖给我的，还给我打了折。真的不骗你，后来他让我介绍其他同学去他那儿买，都没有我买得便宜。而且，叔叔还说了，这东西不是随随便便卖给别人的，只有我的好朋友才肯卖呢！"

听完丁丁的一番叙述，刚刚一直想大笑的妈妈笑不出来了，她开始担心了。显而易见，丁丁遇到的这位叔叔是一个骗子，所幸目前为止，他只是骗了丁丁和同学们的钱物，可是要是发展下去，就不知道会发生什么事了。丁丁妈妈想了一下，不动声色地说："丁丁，我觉得这三样东西还真是挺不错的，隔壁的刘叔叔的女儿刘丽不是也要考试了吗？不如你明天带刘丽去买一套好吗？"丁丁满口答应了。

可是第二天的事让丁丁大惑不解。因为在刘丽和那位"好心的叔叔"交易的时候，刘叔叔突然从边上冲了出来，边上还跟着两位叔叔，一起把那位"好心的叔叔"扭送到了派出所。事后，丁丁才知道，那两位叔叔都是警察，妈妈早就和刘叔叔说好了，并且报了警，只等着一起抓那位"好心的叔叔"落网呢。

而警察叔叔们也向他说了事情的真相：原来这是一位骗子，一直游荡作案，从这个学校骗到另一个学校，警察叔叔们早就想抓他了。可是无奈骗子太狡猾了，总是多番更换作案地点，这一次如果不是因为丁丁，还不知道什么时候才能抓到他呢。警察叔叔为此表扬了丁丁。可是丁丁却很不开心，他觉得自己被骗了，自尊心很受伤害。妈妈对他说了这样一番话："丁丁，如果不是你想不劳而获，想要轻轻松松的不用认真复习就考上重点高中，那么怎么会上当受骗呢？对于你急着想考出好成绩的心理，妈妈非常能理解，可是这要通过自己的努力来实现，而不是通过旁门左道。记住了，以后不要轻易去相信一个陌生人哦。"

其实，骗局虽然千变万化，但是有一点总是不变的，那就是利用人们的得利之心。掌握了这个特点，骗局就很容易被揭穿了，只要学会拒绝天上掉馅饼的好事就可以了。

心灵透视镜：

大部分人都希望能不劳而获，不仅单纯的青少年如此，成年人也不例外。虽然有时候心里有了疑惑，可是看到有利在前，仍旧忍不住去试，岂不知正是这一试就着了骗子的道。总之要在心理上建立起一道防御骗子的防线，做事情千万要仔细，三思而后行。当然也不能因噎废食，因为害怕骗子就不愿意去帮助一些有需要的陌生人，要多看报纸和电视上的案例，日常多积累经验，才能学会分辨。

第32堂课：你永远不知道明天和意外哪一个先来
——教会孩子正确应对各种不测事件

俗话说：天有不测风云，人有旦夕祸福。孩子们从小在家庭的温暖中长大，不知人间疾苦，也不知道人生处处充满危险，缺乏应对突发事件的能力，而青少年时期则是孩子们掌握知识的关键性阶段，父母这时候就应该有意识地培养孩子在遇到突发事件时的急救意识。下面举的几个例子，希望青少年们和父母们都能认真阅读。

孩子总会有独自在家的时候，因此首先要教会孩子独自一个人面对意外时，要如何去应对。平时更要熟记各种急救电话，以备不时之需。

一、当遇到突发事故时，要先保持理智和冷静，千万不要手忙脚乱，导致事故严重化。例如，遭遇人群骚乱，正确方法是尽快逃离人群；若己被卷入人群中，应双手抱胸，两肘朝外，以此姿势来保护肺和心脏不受挤压。在火灾发生时切忌乱跑乱跳，实践证明，火灾死亡中，窒息死亡远远超过烧伤死亡。最宜匍匐前进，从地面得到氧气供应，则有希望逃离现场。

二、青少年在家里不能随便玩火。不要拿火柴、打火机点着玩儿。用炉火或煤气灶要按操作规程使用，热饭、烧水要及时去看，怕忘记最好上闹钟。家里应预备灭火器材如灭火器、灭火粉等，并教孩子学会使用。告诉孩子发现火情如何用正确方法灭火：及时关闭电源、煤气灶阀门，同时打开门窗，呼唤邻居、行人帮忙。如有电话，应迅速拨 119 报警。

三、家里跑水也会造成损失。跑水一般有两个原因：一是水龙头损坏，二是水管破裂。教育孩子不能用坚硬的东西砸管子，告诉孩子家里水源的总开关在哪里，一旦发生跑水情况，先把总开关关闭。如果拧不动，要赶快请邻居帮忙，等父母回来再找人修理。对于稍大一些的孩子，父母应教给他们简单修理水龙头的方法，家中预备修理工具和小配件，这对培养孩子动手能力有好处。若修不好就关闭总开关，等父母回来处理。

四、教孩子预防煤气中毒的常识，特别是使用炉火和煤气灶的方法。无论什么季节，屋里都要保持通风换气。一个人在家感到不舒服时，赶快开门开窗，检查炉火、煤气灶。及时请邻居帮助查看，给父母打电话。

五、孩子单独在家时要把屋门、防盗门从里反锁，钥匙放在固定位置。如果有人叫门，不可以轻易开门，一定要先问清楚是谁。

孩子在外的时候，遇到突发事故的可能性就更高了，在外遇到突发事故的时候怎么办？当同伴遇到事故时又怎么办呢？

一、游泳发生抽筋时，如果离岸很近，应立即出水，到岸上进行按摩；如果离岸较远，可以采取仰泳姿势，仰浮在水面上尽量对抽筋的肢体进行牵引、按摩，以求缓解。遇到水草，应以仰泳的姿势从原路游回。万一被水草缠住，不要乱蹦乱蹬，应仰浮在水面上，一手划水，一手解开水草，然后仰泳从原路游回。游泳时陷入漩涡，可以吸气后潜入水下，并用力向外游，待游出漩涡中心再浮出水面。

二、当自己的同伴游泳遇到事故的时候怎么办？在保证自己有能力救助同伴的时候，应当立即动手；如果自己没有能力去救助同伴，则应该大声呼救，以求得他人帮助。在抢救溺水的同伴时，应当从后面抱住他，不得已时可将其击晕再营救，以防被溺水者因为太过惊慌而把自己也拖到水中。把人救上岸后，快速撬开溺水者的口腔，迅速清除其口鼻

123

中的泥沙、杂草及分泌物，使其保持呼吸道通畅，并将其舌头拉出，以免堵塞呼吸道。然后将溺水者腹部垫高，胸部及头部下垂，或抱其双腿，将其腹部放在急救者肩上来回走动或跳动。把溺水者平放在平地上，解开其衣扣和腰带，如发现其没有呼吸和脉搏，应立即进行口对口人工呼吸和胸外心脏按压，注意心脏按压与人工呼吸的比例为4:1。等溺水者清醒后，应该注意给其保暖。另外，在救治的同时，要叫同伴或是边上的行人帮助拨打急救电话。

以上仅仅列出一些常见的突发事故，希望青少年和家长们平时多普及相关的知识，以防止意外事故的产生。

曾经有这样一个事例。那是一个暑假，父母们都去上班了，于是15岁的小明和几位好朋友决定一起去游泳。一行人很快就到了湖边，小明和小刚先下了水，其他几位朋友去附近的店里买点饮料备着。小明的游泳技术很不错，玩得十分高兴。而小刚则是刚学会游泳不久，本来只是在靠近岸边的地方玩的，可是看到小明玩得那么高兴，就忍不住也往湖中心游去。游着游着不小心脚一抽筋，呛了几口水，一慌张，整个人就往水底沉去。小明见势不妙，赶紧游过来抢救。他从水里拖出小刚，可是一下子就被乱踢乱打的小刚给缠住了，随着力气渐渐地流失，小明反而被小刚拽着往下沉。这时候朋友们都赶了过来，过了一会儿就把两个人给捞了上来。可这个时候两人已经昏迷不醒了，大家都不知道该怎么办。后来才有人想起要用人工呼吸和"倒水"的方法救人，折腾了半天，小明慢慢醒了过来，可是小刚却永远也救不过来了……

如果小明和他的朋友们有一点安全急救意识，就不会有这样的结果。

由此可见，父母们培养自己的孩子掌握一些家庭急救护理常识是多么的重要。建议家长们，在日常生活中，在保障安全的前提下，可以创造一些"小意外"来锻炼孩子应对突发事故的应变能力。同学们除了学习之外，更要多看一些与安全有关的知识，防患于未然。

心灵透视镜：

青少年不仅仅是一个读书的工具，很多父母都不想让自己的孩子去想太多事情，可以安安心心地念好书，因此从来不去考虑给孩子其他方面的教育和辅导。可若是出了意外，那么读再好的书又有何用呢？让孩子们从现在做起，提高自我保护意识吧。

第33堂课：不做快乐生活的终结者
——教会孩子乐观面对人生的不如意

悲观不是天生的，也不是不可克服的，只要自己用心，悲观不但可以减轻，而且还能转变成一种乐观的态度。电影《功夫熊猫》里的乌龟大师说：消息只是消息而已，没有好坏之分。那么命运只是命运，也没有悲喜之说。命运顺着我们本有的特质流进来，无论我们欢不欢迎，都是适合自己的，都最终会到来。那么理想的快活事我们自然应当知道，而我们说的"悲剧"之坏事有哪些是被自己的潜意识期待着的, 你知道吗？

而青少年们也有着自己的悲观心态：考试失利、做的事情没得到同学们的认可、受到老师的批评等，使得自己终日闷闷不乐，一面对未来悲观绝望，一面又对以往的过错悔恨不已，久久不能从这样的情绪里走出来。

馨子最近总是有心事，总觉得自己有种说不出的难受，白天上课的时候恍恍惚惚的，下了课也是一点力气也没有，因此脾气也特别暴躁，动不动就和同学们闹矛盾。

为什么一向乐观的馨子突然像变了一个人似的呢？原来，馨子从小学到中学一直都是学校里出了名的优秀学生，再加上乐观的性格，很受老师和同学们的喜爱。平时上课的时候，老师经常点名表扬自己，自己的作文总是会被当成例文在整个年级传阅，自己更是小区里的"小名人"，很多家长都拿自己作为自家孩子的榜样。

馨子从小学到中学一直担任班干部，不是班长就是副班长。那时候的馨子认为自己是永远不会输的，自己就是最棒的那一个。可以说，馨子是在一个充满光环的环境里长大的。可是自从她进了这所重点高中后，一切都变了。这个学校聚集了附近城镇几所中学里最优秀的学生，她不再是最出色的那一位。记得刚开学的时候，班里要选班干部，馨子也自告奋勇去参选了，可结果是，投自己票的同学用五根手指头就能数得出来。接下来的考试，自己也只拿到了中上的成绩，不再名列前茅。老师也不再是以前那些宠爱自己的老师，常常直接在课堂上就指出她的错误。而自己参加了学校的朗读比赛，也没有替班里拿到名次，这让馨子觉得很对不起班级。种种事情开始让馨子变得悲观失望，她觉得自己现在是一个很差劲的人，只要是自己去参与的事情就一定会失败。因此，乐观的馨子就开始把自己锁在了一个小圈子里，不肯走出来面对挑战。

馨子认为自己现在开始变笨了，没有以前那么聪明了，所以不愿意再去参加任何活动，因为自己总能想到失败。首先馨子到了一个陌生的环境，而这个陌生的环境又集结了附近所有城镇里学习最优秀的学生，面对的竞争对手多了，那么自然而然失败的机会也就大了。并且高中的课程也比中学多了很多，显然馨子一下子还不能适应来自多门功课的压力。因此，随着这两种外来压力的到来，馨子自己的心理压力也就随着增大，在参加其他活动时，就不能放松心情来投入参与，自然也就拿不到好的成绩了。

在悲观者心中，现实是或多或少地被丑化了的。目前很多青少年，

127

对未来的生活往往持有一种悲观的迷茫心理。对自己的过去一概否定，心里充满了自责与痛苦，有说不完的遗憾，对未来缺乏信心，一片迷茫，以为自己一无是处，什么事都干不好，认知上否定自己的优势与能力，无限放大自己的缺陷。悲观的心态往往来自于对环境驾驭的一种挫折感。

其实很多悲观的结局都是被自己潜意识地期待着、牵引着而导致的。由于自己悲观失望了，事情还不知道往哪方面发展，自己就往坏的方面去想，接着就放弃努力，放弃去争取好的结果，那么可想而知，悲观的结果就这样出现了。

要消除自身的悲观心理，就不能太挑剔地去看待自己或是某件事情。要记住，世界上没有完美的人和事。另外，要换个角度来思考问题，要想着自己为什么会失败，怎么去扭转这个失败的局面，而不是沉浸在"结果一定很坏"的想象中。要转变悲观的心态，更要善于发现自己的优点，不管有多么严峻的形势向你逼来，都要努力去发现有利的因素。不久，你就会发现自己还有一些小的成功，这样，就不至于悲观了。

心灵透视镜：

当其他人遇到挫折的时候，我们总能举出大小的事例去帮助他们化解悲观心理；可是当自己遇到的时候，却深陷其中不可自拔。在遇到不顺心的事情时，要教给孩子们，积极采取疏导的方法，寻找适合自己发泄与解决的方式，振作精神让自己充实起来，尽快走出挫折带给你的困扰。

第34堂课：家是你温暖的港湾
——告诉孩子离家出走不能解决任何问题

据《中学生时事报》一项调查显示，34％的被访中学生表示："因功课太多而忍不住想哭"；58％的学生表示："学习成绩下降，老师会嫌弃"；75％的学生表示："父母对上学期的成绩不满意"。面对来自老师和父母的双重压力，35％的学生坦言"做中学生很累"，41％的学生说"有点累"，更惊人的是，20％的学生有过"不想学习想自杀"的念头。当这些想法产生的次数越来越多的时候，有的孩子不知道要如何解决，只能选择了逃避。

那么青少年们选择离家出走来逃避问题，或是选择离家出走来达成某种目的，就是正确的吗？答案当然是否定的。

叶子自从上高中后，她就觉得学习压力越来越大。父母为了鼓励她努力学习，和她达成了一项协议。只要她在期末考试时能进前五名，那么暑假就带她出去旅游。为此，叶子高兴了很久，并以此为目标，努力用功读书。

经过叶子的一番努力，这次期末考试，她考了第三名，她拿着成绩单欢天喜地的回家报喜讯。爸爸妈妈也一口同意了要实现自己的诺言，过几天就订飞机票带着女儿去国外玩。这可把叶子乐坏了，早早地就把要带去的东西给列好了，还打算到了那里要给同学们寄明信片。可是一个星期过去了，爸爸妈妈那边还是没有动静。叶子催了父母好几次，依旧没有动静。这天晚上，当叶子再次催促父母的时候，脾气有点暴躁的妈妈终于忍不住发火了，她冲叶子大嚷道："你就知道玩，你就不能再等几天吗？"叶子也很生气，回嘴道："是你们自己答应我的，现在又说话不算数，你们算什么大人啊！"叶子的妈妈看叶子居然敢这样大声地回嘴，更加生气了："我每天这样辛辛苦苦地赚钱来养你，就是让你来这样和我顶嘴的吗？你马上给我滚出门外去，罚站一个小时再给我回来！"就这样，第二天，叶子趁父母去上班的时候，收拾了行李，离家出走了。

为了寻找叶子，叶子的爸爸妈妈和亲戚朋友一起，在小区和各个街道里寻了个遍，依旧一无所踪。叶子的妈妈后悔得大哭起来。他们从白天找到晚上，从各个商场找到了火车站、飞机场……叶子的妈妈更是在急着穿过马路时，差点让飞驰而过的车给撞到……最后，终于在叶子一位同学的家里找到了她。

想要解决一件事情，就要去想对策，而不是"出走"。任何事情都应该拿出来大家一起分析，找出最有效的解决方案。

虽然在这个事情上，叶子的妈妈是不对，明明承诺的事情不能兑现，却还要去责怪叶子，但叶子这种不成熟的行为很可能会造成更加严重的后果。父母与孩子之间是需要沟通的，孩子们还未成年，对社会认识的很浅，做大部分事情时都需要父母的时刻关注和指导，需要建立一种亲密无间的亲子关系。孩子不应该在受了一点委屈、因为自己的愿望无法达成就要离家出走，这不但不能解决问题，反而会带来很严重的后果。

"离家出走"也许是舒缓压力的方法之一，但却不是唯一、也并不是正确的方法。青少年们对压力采取了回避的行为，以为通过离家出走的行为就能达到自己的某些目的，殊不知这完全是在害人害己。

"孩子离家出走了！"对于家长来说，这可是天大的事。那么是什么促使他们选择了离家出走呢？据分析，离家出走的孩子，原因大至分为三种：第一种是为了逃避学习的压力而出走。孩子们的想法很单纯，只是希望远离老师的看管、父母的唠叨。但实际上他们内心很明白，在外面他们什么也做不了，可是来自学习的压力还是让他们选择了暂时逃离这个环境。第二种是为了逃避来自于父母的惩罚而出走。比如有些孩子拿到了成绩单，一看离自己父母的要求还差很远，由此想到上次考得不好时父母的惩罚，一害怕就选择了出走；或是晚上和同学们玩得太晚，错过了父母规定的回家时间，因害怕惩罚而选择了出走。第三种是因为负气而出走。例如被父母误解，或是自己的要求父母没有满足。这正是因为现在有些父母对孩子先娇纵，后严厉，结果是孩子听不得批评，大人一说就负气出走；或是平时只要是自己的心肝宝贝提出的要求一定尽量满足，而突然不能满足了，孩子立即就负气出走。

心灵透视镜：

离家出走对于青少年自身而言是没有安全保障的，有可能受到侵害或是不良诱惑而犯罪。当然，对于大多数离家出走的青少年来说，更严重的是心理上的伤害和学习成绩的下降。出走只会让自己产生消极的心理，影响了正常的耐挫力的培养。因此当你感到挫折和失败的时候，不如选择去向自己的朋友或是父母诉说，我想一定能找到有效的解决方法。

第35堂课：让孩子优秀的奥秘在于坚信孩子"行"

——信任是父母对孩子最好的肯定和激励

家庭是孩子的第一所学校，因为父母是孩子的第一任老师。小时候的孩子也许只是习惯性的粘着父母，可是当他们步入青少年时期后，父母的言行举止则会给孩子带来很大的作用。例如，当你的孩子害怕的时候，你可以告诉他们，不要害怕，他是最棒的；当你的孩子做错事的时候，不要急着去惩罚他、教训他，而是鼓励他重新去做好这件事。哲人詹姆士说过："人类本质中最殷切的要求是：渴望被肯定。"所以赏识、赞扬、鼓励正是肯定一个人的具体表现，是帮助孩子树立自信心所必需的，也会是孩子成长的坚强后盾。

放大孩子的"闪光点"，就要对孩子的出色表现及时予以表扬，让他感到自己是有优点和希望的。好孩子都是被激励出来的。

而接下来我们要谈的是信任。家庭是一个小的集体，这个集体中的个体需要相互信任，那么这个集体才会和谐的成长。在家庭教育中，父母的信任可使孩子感到他们与父母处于平等的地位，从而对父母更加尊重和敬爱，更乐于向父母倾诉。这既增进了父母对子女内心世界的了解，又使父母在纠正孩子不良行为时更能有的放矢，获得更好的效果。

海霞一直到上了初二都从来没有自己出过远门，每年寒暑假，爸爸妈妈都会把自己送到乡下的奶奶家住一段时间。从初一开始，海霞都要求自己买好火车票去奶奶家，可是爸爸妈妈都以"一个小姑娘独自出门不安全"为由给拒绝了。在爸爸和妈妈的潜意识里，海霞年纪还小，没有办法独自出门。可是海霞却不这么想，自从进入中学后，海霞感觉自己一天天地长大，觉得自己理应为家庭分担点什么了。因此不光是独自去奶奶家这件事，平时爸爸妈妈在商量一些事情的时候，自己总会提出一些意见。可是父母根本就不信任她，同样的意见如果换成是别人说，父母一定会很快接受；可是换到自己时，却恰恰相反。总而言之，父母对她的一言一行都非常不放心。

今天的暑假很快就到了，海霞早早就期待着自己的父母送自己到奶奶家去。可是父母的公司临时出了一点事，他们的假期全都取消了，也就是说，他们在短期内是无法陪着海霞出远门了。晚上海霞在饭桌上认真地对爸爸妈妈说："过两天我想自己去奶奶家。"海霞的话刚一出口，父母马上就反对了。海霞接着说道："爸妈，我不小了，我今年都上初二了，平时不管我做什么，你们都表示出对我的不信任，从来不支持我去做一些力所能及的事。可是如果你们不放手让我去做，那我什么时候才能真正地长大呢？难道等将来我到别的城市去念大学，你们也陪着我一起去吗？"海霞的父母面面相觑，正想开口说话，海霞又说道："爸妈，我知道你们是怕我出什么意外，可是我向你们保证，我一定会非常小心的，不和陌生人说话，一到奶奶家就马上给你们打电话报平安好吗？爸妈，我需要你们的支援和鼓励！"海霞的爸妈听完孩子一番掏心掏肺的话，同意了孩子的请求。

第二天，海霞就独自一个人去买了火车票。当她拿着火车票进家门的时候，那脸上的兴奋劲就别提了。买的是第二天一早出发的火车票，父母晚上千叮万嘱，什么不要和陌生人说话、有困难马上就找警察、有什么事可以马上打电话回家等，就是不放心女儿。第二天海霞上了火车，他们还是不安心，上班都是心神不宁的。等终于接到女儿的电话，得知她安全到了奶奶家，海霞父母悬着的一颗心才放了下来。

经过这次"独自出远门"事件，海霞的父母知道了，孩子是需要他们的信任和鼓励的。孩子很想独自去承担一些事，那么父母就要给予一定的支援。从那以后，海霞经常受邀参加父母召开的家庭会议，她也可以为家里的大小事情出谋献策了。

每个孩子心灵深处最强烈的需求就是渴望受到赏识和肯定。家长要始终给孩子前进的信心和力量，一次不经意的表扬、一个小小的鼓励，都会让孩子激动好长时间，甚至会改变整个精神面貌。父母应该不时地给予孩子鼓励和信任，支持孩子去做一件事。如果家长对孩子有足够的信任，孩子就会充满自信，积极主性地进行自我调整，把逆反、不听话转化为上进的信念。

心灵透视镜：

在教育史上，有一个著名的"暗含期待效应"实验，被广泛运用于现代教育中，从对孩子的信任出发，培养孩子们的积极性，让孩子在别人的鼓励和信任中不断地改掉各种不良行为。做孩子的朋友，能够激发孩子内心的动力，让孩子体会到成功的快乐和失败的教训。孩子会在父母充满信任和关爱的目光与话语中，变得听话、自信，从而以更加昂扬的姿态面对自己的人生。

第36堂课：爱笑的人，运气都不会太差
——教孩子用微笑面对挫折

1998 年 7 月 21 日晚在纽约友好运动会上意外受伤之后，默默无闻的 17 岁的中国大陆体操队队员桑兰成了全世界最受关注的人。

这确实是个意外。当时的桑兰正在进行跳马比赛的赛前热身，在起跳后，不慎从高空栽到地上，而且是头先着地，造成颈椎骨折，胸部以下高位截瘫。

这个笑容甜美的姑娘来自浙江宁波，1993 年进入国家队，个性温顺，但在遭受如此重大的变故后却表现出难得的坚毅。她的主治医生说："桑兰表现得非常勇敢，她从未抱怨什么，对她我能找到表达的词就是'勇气'。"就算是知道自己再也站不起来之后，她也绝不后悔练体操，她说："我对自己有信心，我永远不会放弃希望。"

因为她的坚强、乐观，美国院方称她为"伟大的中国人民光辉形象"，而那么多美国普通人去看她，并不只是因为她受伤了，而是为她的精神所感染。

美国前总统克林顿、卡特和里根都曾给桑兰写过信，赞扬她面对悲剧时表现出来的勇气。桑兰与"超人"会面的经过在美国 ABC 电视台播出，这个电视台 50 年来只采访过两个中国人，一个是邓小平，一个是桑兰。桑兰还如愿以偿地见到了自己的偶像里奥纳多·迪卡普里奥和席琳·迪翁。她的监护人说："她太可爱了，像我们这些在她身边的人都愿意去

帮助她……"

当一个灰心丧气的孩子感到安全时，他会开始发脾气，这其实是开始了自然的康复过程。当孩子思维进入误区后，想事情就很容易偏激。一是过于绝对化，缺乏对变故的思想准备。二是容易以一时一事的结果来评价自己或他人，甚至否定自己或他人的整体价值。三是放大事情的严重性，对事情的后果想得过分严重、可怕。

"我最近怎么那么倒霉呢？做什么事情都不能顺利完成。昨天的物理课上，老师列在黑板上的题目，我居然都不能完成，我连这么简单的题目都完成不了，那么到考试时该怎么办？我都不敢想象将来了。另外，体育女子 800 米跑步考试，我也不及格，老师说下节课要补考，可我一点信心也没有……"这是曾露坐在沙发上垂头丧气地向父母倾吐的心事，她在说这些的时候，一点斗志也没有，脸上充满着沮丧。

曾露的父母等曾露说完后，教给了曾露一个方法，那就是用一张纸分成 A、B 两栏，A 栏列出自己有信心能通过的科目与优点，B 栏则列出自己没有信心通过的科目与缺点。半个小时后，曾露的父母会过来和她一起分析情况。曾露听到爸妈的建议，虽然弄不明白父母想干什么，可是觉得这个提议挺好玩的，就坐在书桌前开始写。曾露想："我的语文成绩和英语成绩都不错，向来都是数一数二的，那肯定是没有问题的。这样算下来，自己的历史成绩也还行，不能算最优秀，但总还是不会拖后腿的。化学成绩也不错，从来没有低于 80 分。那么，语文、英语、历史、化学都可以放到 A 栏。可是一提到数学和物理，自己就很头疼了，总是不能提高自己的成绩，那么就要列到 B 栏里去。优点，自己乐于帮助别人，性格也比较开朗，为人不骄傲；缺点，自己平时不喜欢锻炼，所以体育总不好，而且也遇到一点点小挫折就容易放弃……"等曾露列完这些后，父母也进来了。

他们拿起曾露列得满满的纸开始和曾露分析起来。首先，从上面可以看出来，曾露的成绩还是不错的，把握比较大的科目显然多于没有把握的科目，而且曾露学的是文科，那么考试胜算应该还算大的。至于优点和缺点并存，每个人都是一样的。可是曾露最好的一点就是她善于发现自己的缺点，只要知道自己的缺点在哪，就可以改正。分析完后，爸爸对曾露说："露露，你最近的情绪很沮丧，爸爸也看出来了。那是因为你遇到了挫折，所以感觉悲观和失望，觉得自己的前面一片茫然。可是今天从这张纸上，你也看出来了，你自己的长处还是很多的。那么你要做的就是如何保持自己的长处，并努力改进自己的短处，只要努力过了，还怕没有进步吗？这还仅仅是一些小挫折，将来你步入社会后遇到的挫折只会更多更困难。现在你就这样了，将来怎么办？我们应该学会微笑地面对挫折，只要自己充满了信心，就一定能打败挫折的！"接着，父母和曾露一起制定了一个计划，在体育补考前，每天在社区里跑步半小时，增强自己的体力和意志力。另外，曾露也找到了物理科代表，向他请教自己不会的物理题。

无论曾露体育补考能不能过，她都已经摆脱了沮丧的情绪，并且学会了微笑地面对挫折，用自己的行动去打败来自生活和学习上的挫折。

青少年时期是人一生中学习时间最集中、学习最关键也最艰难的时期。这一时期，学习上的很多新问题、新情况需要青少年去面对、去适应。诸如课业的增多、学习内容的变化等。因此这需要有一个好的心态去面对一切，家长应该不断地教他们调整自己的学习方法，提高学习能力与应对挫折时的勇气。增加心理调适能力，这样才能有效地令自己有更大的进步。

心灵透视镜：

　　心理学家将13、14岁和17、18岁的青少年看作两次"心理断乳"期，而两次心理断乳的结果是青少年愈加走向"独立"。这一阶段的孩子，个性还不完善，独立倾向与依赖性共存，让他们的内心极为敏感、动荡、热情、冲动。从社会成熟性来看，他们往往情绪不稳定，一旦碰到不顺利时，就会手足无措，心情沮丧。这个时候父母可以适当地给孩子予激励，帮助孩子尽快成长起来。

第四章

在这个充满竞争的世界里勇敢地前行

——挫折教育能够使孩子更好地适应现代社会

第 37 堂课：假如生活欺骗了你

——教孩子树立正确的人生观和价值观

人生观是对人生价值、目的、道路等观点的总和，是对人生的根本看法。价值观是人生观的一部分，是指政治导向、道德观念、人生意义、思想追求等方面。青少年时期是人生观和价值观形成的关键时期，而建立正确的人生观和价值取向，对人一生的发展很重要。

社会在进步的同时，也诱发了一些其他扭曲的观念的产生。例如，当今很多青少年崇尚拜金主义，丢失了"自尊""自爱""自立""自强"的良好品德。他们只讲实惠，不求进取；只讲得到，不愿付出。有的青少年甚至因为经不住诱惑，为贪图享受而走上犯罪的道路。在道德观念上，缺乏人文关怀，社会责任感淡漠。在生活方式上，贪图享乐、追求高消费。青少年应该树立自己正确的人生观和价值观，有了远大的理想抱负后，才能追求更高更完美的人生，人生价值才能更好地体现。

那么在树立正确的人生观和价值观之前，首先就要让孩子明白，他们自己想要什么，应该怎么得到自己想要的一切。从孩子出生到独立行走那一刻起，他们就必须为自己的行为负责。在孩子步入大学之前的十多年的读书生涯，算不得太长也算不得太短。在这十多年里，他们过的是两点一线的生活，每天都是围绕着学校和家在转，虽然不会经历什么大风大浪，但却也是真实地记录了自己的人生经历，而这个时候也正是青少年们价值观形成的时期。有的人想不劳而获，有的人会为了自

141

己想要的东西而不则手段，有些人知道一定要通过正当的努力才会开心的获得。

高中毕业前，高三（3）班开了一次很有意思的班会，班主任让大家每个人都说出自己对人生观和价值观的看法，并说出自己以后最想做的一件事。有同学认为，人生观就是自己的事情，和其他人无关，只要把自己的事情做好就对了。有同学则认为，自己没什么本事，平平凡凡地过一生就好了，别的都无所谓。另外部分同学认为，自己的能力高于大部分同学，自己一定要创造一番伟大的成就才能实现人生价值。也有部分同学认为，自己以后要为自己高的物质追求而打拼，要吃好的用好的穿好的。部分同学说在大学学什么无所谓，只要毕业后能找到一份稳定的工作就好了。而热爱体育的同学，到了大学后要进入校队，毕业后可以做一名体育老师。有想在音乐界发展的，也有想在商业界发展的，总之五花八门，应有尽有。这让老师挺欣慰的，先不论同学们的人生观是否正确，但他们都确立了自己的目标，只要有了目标就会为之而奋斗。

通过这次班会，看出了高三（3）班同学们地存在着三类错误的人生观。第一类是与世无争型。他们对人生对社会抱着较为悲观的态度，对生活失去信心。于是在学习上，他们高呼"60分万岁"，在生活上抱着得过且过的心态，没有时间观和纪律观，对人对事都漠不关心，也就是说"什么都无所谓"。第二类是享乐自私型。抱定"人为财死，鸟为食亡"的观点而生活，沉湎于物质追求，在此上面耗大量时间和精力，而无暇追求人生的大志。第三类是唯我独尊型。觉得自己什么都是最棒的，最了不起的。自认才高八斗，轻视他人，自我意识极度膨胀且嫉贤妒能，其他人都被他认为是笨蛋。可是，在这个社会上，不借助他人，不依靠社会，个人成功的机会就太少了。以上都是不可取的。

那么要如何树立正确的人生观和价值观呢？首先就是要教给孩子们把物质追求与精神追求统一起来。只讲物质，不讲精神的价值观是狭隘而无益的；而只讲精神而不讲物质的追求又会极大地妨碍社会的发展，遏制了自身的创造性和积极性。其次要帮助他们坚定自己的理想信念，在利益和荣誉面前不要做损人利己的事情。再就是要把实现自人价值与无私奉献统一起来，不要只想着索取而不思奉献。我们生活在社会这个大家庭中，是有自己的义务和权利的，同样孩子在学习生活中永远不可能独立于这个世界上。因此，要抛开自私自利的想法，脚踏实地地学习和生活。

以上说了那么多，总结起来就是：首先要务实；其次要积极进取，不回避矛盾，勇于竞争；最后要乐观自信，矢志不移。

心灵透视镜：

树立正确的人生观和价值观，将有助于孩子们在现在的学生生涯和将来的生活中正确定位，以更加积极平和的心态去努力学习，以饱满的热情迎接每一天，更好地为自己的将来而做准备。只要明确了人生观和价值观，那么在面对挫折的时候就会不怕困难，拿出勇气来战胜一切。

第38堂课：我是一个胆小的刺猬
——让孩子掌握与人交往的本领

在生活中，我们偶尔会看到患有自闭症的孩子生活的样子，他们时刻活在自己的世界里，没有与周围的人交流的欲望；他们表达情感和情绪的方法也很简单：不是哭闹，就是自己蹲在一旁一言不发，或是莫名地摔东西。父母却一点也猜不到孩子的心思，而孩子也会越来越不快乐，到了后来不得不找心理专家来解决问题。

而让孩子产生自闭的不良心理的原因主要有几个：第一个是自卑。由于地域限制，现代社会的交流发展出现了不平衡的现象。城市的孩子在日常交往中往往会更自信、更顺利一些；而乡村的孩子则表现得木讷和不擅交流。这正是因为生活环境和家庭背景不同，导致在交往的过程中不敢与同学交往，甚至会出现刻意回避的情况。第二个是自负。与第一种情况相反，具有这种思想的青少年大多是独生子女，家庭条件较好，导致自我中心意识强烈，不能顾及他人的感受。这类青少年和同学们交往就会碰钉子。在多次碰壁以后，这类孩子就选择了不再与同学相处。第三个是嫉妒。西班牙著名作家塞万提斯，也就是世界最著名的荒诞剧之一《堂吉诃德》的作者说过："嫉妒者总是用望远镜观察一切，在望远镜中，小物体变大，矮子变成巨人，疑点变成事实。"有着这类心理的青少年，一面很想与其他人做朋友，一面又因为对方的一些表现比自己优秀而产生了嫉妒心理，因此最终也无法和同学们融合。第四个是多疑。在与人的交往中，总是容易产生出不信任的心理，总担心自己会上当受骗，处处都提防着别人。这其实是对友谊最大的挑战。当同学为你做一件事的时候，你不但不感激，还会怀疑同学的用心。那么久而久之，也就很难与同学们进行正常的交往了。

　　自从玉莹一家搬家以后，玉莹就进了一所新的高中。可是进入新学校都快一个学期了，玉莹的妈妈却发现，孩子每天都是独来独往的，从来没有看到玉莹请过同学来家里，也没有同学打来电话找过玉莹。而在平时和父母的交流中，也从来没有听玉莹提到过关系比较亲密的同学，倒是常常听到玉莹在挑同学的毛病，什么这位同学不会穿衣服了，那位同学老是想着去讨好老师，和自己中学的同学比起来真是差别太大了……玉莹提到这些的时候，总是充满着不屑。可是父母还是从孩子的眼睛里看到了孤独。是啊，像玉莹这个年纪的孩子，谁不想交朋友呢？

　　那么玉莹的人际交往方面究竟出了什么问题呢？父母帮助玉莹进行了分析。首先，玉莹刚进到一所新的学校，从心里怀念以前的朋友，从而产生了排斥心理。接着玉莹又产生了自负的心理，觉得新学校的同学们都比不上自己原来的同学，更没办法和自己比。自然，玉莹的这种心态就会在她平时待人接物时表现了出来，久而久之，同学们也发现了这一点，也都开始不愿意主动和玉莹交往。找出了原因后，父母建议玉莹要敞开自己的心扉。首先以前的朋友们还是存在的，可以在有空的时候给他们打打电话、写写信等。新学校是自己交新朋友的好时机，为什么不好好和同学们交往呢？玉莹可以先观察一下哪些同学与自己的兴趣爱好相似，然后真心、主动地去与这些同学交流，时间长了同学们自然也就会接纳她了。

玉莹父母给玉莹的建议是正确而有效的。对于因自卑而不善于交往的孩子，应该调整自己的心态。人与人之间的交往，交的是心，只要抱着一颗平等的心去与同学交往，那么同学也自然就愿意与你做朋友。如果和同学交往前，就先认定了自己低人一等，那么就无法展现出真正的自己，从而影响孩子与他人之间的正常交往。性格上太过自负的孩子，则是违反了人际交往中的一个"对等原则"。总是自我感觉良好而不顾他人的感受，只会在伤害他人的同时也伤害了自己。因此在对人对事的时候，应该多多考虑他人的想法，这样才可以融入友好的氛围当中去。告诉那些嫉妒别人的青少年们，要紧记一点"三人行，必有我师"，别人有优秀的一面，你同样也有。要让孩子化嫉妒为学习动力，掌握与人相处的本领，在人际交往中，学到有用的知识。人都渴望被其他人所理解，一个总是对朋友心存怀疑的人，是永远都不会有知己的。

心灵透视镜：

对于孩子来说，正常的人际交往能培养良好的心理素质，影响着自我意识的发展及心理健康的水平。在人际交往中，孩子能增强群体意识，形成开朗大方、自谦宽容、合群友爱、自律自信等良好个性心理；同时，还可抑制自私任性、骄横孤僻、怯懦恐惧及过分依赖等消极心理的滋长。

第 39 堂课：做最好的自己
——教孩子正视自身缺陷

什么是歧视？歧视就是不平等地看待，通常表现为看不起、挖苦、讽刺、伤害、贬低、侮辱他人等行为。而被歧视者大多只能默默地忍受，有苦不言，独自一个人流泪面对这一切。人的基本需要之一是尊重的需要，每个孩子都渴望获得关怀、得到关怀、得到接纳、受到尊重。苏联教育家苏霍姆林斯基说过："自尊心是青少年心理最敏感的角落，是孩子进步的潜在力量，是前进的动力，它是高尚纯洁的心理质量。"歧视他人是一种罪恶且不道德的行为。

当孩子因自身的缺陷而受到歧视的时候，该怎么办呢？告诉孩子不要自卑，打倒自己的往往就是自己本身。不要过多陷入生活中的矛盾琐事中，对别人的一言一行过于敏感，过于重视别人对自己的看法与印象。这些是心理脆弱、缺乏自信心的表现。要给自己信心，别人才能信赖你。

有一位女孩叫小银。她在 3 岁的时候突然发了一场高烧，后来父母渐渐发现了她与别的孩子不一样，去医院检查的时候才发现她患上了小儿麻痹症。小银渐渐长大了，懂事了，上了小学，念了中学。她开始也明白自己身体上的缺陷，虽然与此同时父母从来没有放弃过为她治疗，可依旧于事无补。在那段日子里，小银发现，虽然身边有嘲笑歧视她的同学，可是也有喜欢她的同学，那些喜欢她的同学们常常主动来帮助她。

她没有别人想象得那样不开心，但真正让她从自身缺陷的阴影里走出来的是好朋友的一席话。

那是她上高中后的生活，她需要住校。因为同学们住得大多离学校较远，周末一般也不回家，大家都出去玩。刚开始她觉得很落寞，同学们可以去溜冰，自己不行；同学们可以去打羽毛球，自己也不行。后来，同寝室的同学发现了她的心思。再下一个周末来临的时候，硬生生把她拉出去参加聚会。当她站在那么大一群人中间觉得手足无措的时候，一位同寝室的好朋友轻轻握住了她的手，说了一句："你怎么那么没出息，怕什么呢？你和我们有什么不一样吗？都是一样的啊。来，和大家一起打牌吧！"就是好友的这句话，让她明白了一个道理：往往只有自己才觉得自己和别人不一样，别人并不在意，别人在意的只是你没有敞开心扉。

小银高中毕业后，顺利的和好朋友一起考上了理想中的大学。她学的是商务英语，毕业后找到了一份薪水颇丰的工作。而很多身体健全的同学大学毕业后的路反倒比她坎坷。也许有人要说：小银是幸运的。但是，要记住一句话，幸运之神只会眷顾懂得爱惜自己的人。

要知道没有一个人是完美的，每个人身上都有或多或少存在缺陷，嘲笑别人的同时，有没有认真审视过自己呢？在人生漫长的道路上，谁都会遇到生、老、病、死，都会经历喜、怒、哀、乐，人生有高峰也一定会有低谷……接纳一个生理上或心理上有缺陷的人就等于接纳我们自己，因为这些困惑我们也会遇到，因为他或许是我们的亲人朋友。

歧视现象危害极大，尤其对被歧视者是一种相当大的精神伤害，心灵遭受着煎熬，性格较怯懦的孩子不敢将实情告诉老师，这会严重影响他们的正常生活和学习，阻碍一个人各方面的正常发展，这样有可能会令被歧视者的性格发展畸形，身心也会跟着受到伤害，有的甚至不堪忍受采用自杀来摆脱。

同学与同学之间是平等的，应该拥有一颗美好的心灵、健康的心态，能够同情他人、关爱他人、团结互助、健康成长。同时，如果自己的孩子自身有缺陷，父母也要给孩子信心，但要注意，不要总是特别的照顾孩子，这样只会让他觉得自己很没用，一点小事也做不好。在保证安全的前提下，能让孩子独立完成的就坚持让孩子独立完成吧。

心灵透视镜：

很多孩子会与不如他们聪明、漂亮或健康的人保持距离，其实，如果能付出心里的爱，他们会发现接纳一个不幸的人并不难。

第40堂课：最简单的喜欢最温暖
——帮孩子正确处理来自异性的暗示

随着青春期的来临，青少年的生理和心理都会发生一些变化。青少年们开始关注异性，渴望接触和了解异性，甚至可能萌发对异性的好感或爱慕之情；同时，也希望有异性关注自己，这是正常、自然的事情。当有异性同学向你的孩子示好的时候，不要觉得这个同学是一个坏同学，或是一个不纯洁的事。异性对你的孩子有好感，正好说明了你的孩子是优秀的，你的孩子身上的某一个闪光点吸引了他。

很多孩子在青春期萌动的时候，对异性产生了好感，于是就会自己问自己：这到底应不应该呢？其实这没有错与对，这种感觉再正常不过了。当然，我们都明白，这并不是爱情。因为爱情需要经过一些故事，需要生活中的接触和了解，有了故事的沉淀后，才会从好感演变成为爱情。一般来说，爱情会比好感维持的时间长一些，而出现在青少年之间的好感则会相对短一些，很容易一闪而过。

正在念高二的静子最近遇到了一些很奇怪的事，比如放学回家去车棚拿自行车的时候，就发现车筐里多了一个毛绒娃娃。早上，课桌上常常出现一个面包或是一瓶牛奶。一开始，静子还以为是别人给放错地方了，可随着这些奇怪次数的增多，静子也开始怀疑是不是有人在关注着自己。

这天，轮到静子扫地，和她一起值日的同桌小娟突然从教室后排走了上来，神神秘秘地对静子说："静子，我刚才不小心把程南的笔记本弄到地上了，拿起来顺手翻了几页。你猜我发现了什么，嘿嘿，那小子暗恋你呢。他在日记本里明明白白地写着喜欢你的！"静子的脸唰地一下就红了，着急地回了小娟一句："胡说，没有的事，你就喜欢瞎编！"小娟也急了，拽着静子就往后排走去，说要拿证据给静子看。两人正在纠缠呢，只听教室的后门"砰"的一声让人给用力推开了，只见程南风一样地冲到自己的位置上，拿起桌面上的日记就要走。抬头的时候，突然看到静子，一怔，脸一红，就拿着日记本跑了出去。小娟这时候笑嘻嘻地说道："看到了吧，程南的表情？我可没有说谎。"静子只得千叮万嘱让小娟不要把这个事情说出去，小娟也点头答应了。

回到家里，静子有点坐立难安。她不知道要怎么处理这个事情，直接找程南说明白吗？可是程南现在也没有和她明说，自己这样做会不会太自作多情呢？静子想了很久，决定不如就当什么事都没发生过吧，希望程南不要找自己表白才好。可是事情到了这里，突然来了一个跨越式的发展。

第二天放学的时候，静子照常要到车棚里取车，远远看到有一个人站在自己的自行车边上。她心里咯噔了一下，想: 不会是他吧? 待她走近，不由得就更慌了，果然是程南。程南手里握着一个玩具熊，脸红通通的，也不敢抬头看静子。静子想赶快取了车要走，这时候，车让人从后面拉住了。程南走上前，喃喃地说道："静子，我……我喜欢你。从这学期开始我就喜欢上你了，记得在学期前的晚会上，你在舞台上弹着吉他的时候，我就喜欢你了……这……这个熊送给你。你……你能接受我吗？"说完这些话，程南就把熊直接扔到了静子的前车筐里，然后一脸纯真地

151

望着静子。程南的一番表白，让静子很尴尬。她不知道要怎么回答程南，只能赶紧骑上车走掉了。

经过一晚上的思考，静子拿定了主意。第二天上完一节课的时候，静子走到了程南座位前，约他下午放学后在操场的榕树下见。程南急不可待地点了点头。放了学，两个人如约而至。坐在大榕树下，两人沉默了一会儿，终于还是静子打破了沉默。她开口说道："程南，你是一位优秀的男孩，性格好，学习成绩也好。当昨天我知道你喜欢我之后，我的确很开心，因为我想不到那么优秀的一位男孩一直在关注着我。"说到这，静子抬起头看了程南一眼，程南脸上露出欣喜的表情。静子接着说道："可是，程南，我们现在还是学生啊，我们都只是高二的学生，明年就要高考了。我不希望因为这件事情影响到你的成绩。我很感谢你能喜欢我，但是，我希望我们依旧像以前一样做朋友好吗？不对，应该说，从今天开始，做好朋友吧，我们互相帮忙，一起复习，努力考上好的大学。到时候，我们再来说其他的事，行吗？"听完静子一番心里话，程南很感动，原来自己喜欢的女孩子是如此的完美。静子说得对啊，自己还是学生，应该以完成学业为己任，怎么可以胡思乱想呢？

接下来的日子里，静子和程南成了好朋友，他们常常和同学们在一起复习，共同攻克一道又一道的难题。未来的日子阳光灿烂呢。

作为家长，要告诉孩子：感谢那个喜欢你的人，他肯定了你的优秀，给你带来了温暖。不要冷冰冰地把人拒之千里之外，只需要提醒他，作为学生当前最需要做的事情就可以了。

心灵透视镜：

青少年在成长的过程中总会经过青春期萌动时期，他们想和异性交往的目的其实很单纯，大部分并不是为了寻找恋爱的伴侣，而是单纯的喜欢一个异性的某个优点，进而想了解对方，想从中学会怎么与异性相处，并在这个过程中培养更深的友谊。但他们不明白这点，误以为这就是"爱"。同时，来自异性的认可会给他们带来自信和动力，从而缓解来自学习上的压力。所以当父母发现孩子开始产生萌动的心时，不要惊慌失措以为天都要塌下来了，想想看，当年的你，是不是也曾经有过类似的经历呢？

第41堂课：让爱住我家

——家庭冲突多，孩子易患"心理感冒"

郑心艳每天放了学都不想回家，不想回到那个时刻都充斥着不快与谩骂的家。郑心艳的父母以前是非常恩爱的，夫妻关系和谐，对郑心艳也是爱护得紧，从来不会在郑心艳面前大声地说话。可自从爸爸当上主任后，应酬就多了，晚上常常不回来吃饭，有时候半夜才回到家里，还满身都是酒气，有的时候还会因为喝得太多而吐得满地都是。这样的情况越来越多，郑心艳妈妈忍无可忍，和郑心艳爸爸之间的战争彻底爆发……

郑心艳家里开始常常听到吵架、砸东西的声音，妈妈的哭声，爸爸的怒吼声……这一切都让郑心艳觉得难受极了。就这样，郑心艳的学习成绩一路下滑，由班级的前三名一直滑到了倒数第五名。老师不明真相，还以为郑心艳是不是交了什么不好的朋友才弄成这个样子，因此总是当着全班同学的面批评她。这让她更加压抑了，性格越来越古怪，同学有一点惹到她，立即破口大骂。

有一次，郑心艳爸爸又应酬到很晚都没回家，妈妈坐在客厅里黑着一张脸等着。当郑心艳爸爸一进门，妈妈就抄起一个玻璃杯砸了过去……一场战争又爆发。郑心艳先是蜷缩在被子里哭得直发抖，后来听叫骂声越来越大，就冲出了客厅，拿起桌上的水果刀，对准自己的手腕大声吼道："你们这样下去，不如离婚吧！我也不要活了！"还没等爸爸妈妈反应过来，她就重重地把刀划到了手腕上，鲜血一滴一滴地流到地板上。郑心艳的爸妈都惊呆了，手忙脚乱地把孩子送到了医院。

因为送到医院比较及时，郑心艳没什么大碍。可是她却无论如何都不愿意理会自己的父母，饭也不吃，水也不喝，就躺在病床上一动不动。郑心艳的妈妈在边上哭得很厉害。郑心艳看妈妈哭得太伤心，终于转过头来对妈妈说道："妈，你们这样过日子，不如离婚吧。"之后郑心艳把爸爸也叫到了病房里，问他愿不愿意和妈妈离婚。当得到否定的答复后，她对父母说了这样一番话："我很怀念以前的生活，那个时候你们两个不会吵架，更不会打架。可自从爸爸升职后，一切都变了。妈，你变得尖酸刻薄了，爸爸只是为了工作而应酬啊，你为什么总要去责怪爸爸呢？爸，你在应酬的时候不能少喝点酒吗？妈也是担心你的身体啊。你们两个这样子，我真的过得很不开心，好多次都想到去死……"女儿的一席话让父母都流下了眼泪，他们用愧疚的眼光看看对方，又看看女儿，三双手终于重重地握在了一起。

郑心艳一开始的做法固然是错误的，她不该自暴自弃，更不应该拿自己的生命开玩笑。生命多宝贵啊，你因看到父母吵架而痛苦不堪，有没有想过，若有一天父母失去了你，又会是多么的痛苦！郑心艳后来的做法就很不错，她开诚布公地向父母说出了自己的想法，也帮助父母化解了家庭危机，实在是一个好女孩。

家庭是孩子每天接触时间最长的一个环境，而父母则是孩子最信任的人，父母的关系及言行举止会直接影响孩子的性格与人格。父母天天吵架，孩子如何能健康成长呢？常常坐在教室的角落里，脸上带着与年龄不符的忧伤的孩子，大多都是因为家里爸爸妈妈关系出了问题。有的孩子看到自己的父母不合，甚至会开始放纵自己，到社会上去滥交，只为了舒缓自己的压力，最终走上犯罪的道路。那些经常目睹自己的父母冷战、吵架甚至打架的孩子是缺乏信任和安全感的。

因此，作为父母，当你与你的伴侣有矛盾需要解决的时候，请尽量避开你的孩子。他们本是天真的花朵，没有必要去承担成人之间的复杂情感。

心灵透视镜：

父母之间的争吵往往都是由日常生活中的小事累积起来的怨气，我们要帮着父母去解除这些怨气，而不是去增加父母心理上的负担。不如就借爸爸妈妈对你的宠爱，来用温情帮助他们化解危机吧。

第42堂课：发现那些隐藏的美好
——让孩子正确面对看不惯的人和事

中国人常说以宽己之心宽人，可很少有人能做到这一点。打个比方，同样一件事，自己做错的时候，会给自己找一百个借口；可换成是其他人做错的时候，就会看对方很不顺眼，总想着去挑别人的过错。我们在接受同伴优点的时候，也应该接受他们的缺点，因为你也一样，也有缺点。所以，无论他人是对还是错，无论你喜欢还是不喜欢，都要抱着一颗宽容的心去面对、去包容。

还有一句话叫以克人之心克己，也就是说面对看不惯的人和事，要有效地克制自己的情绪和心态，不要过分地要求他人；在要求他人之前，先严格地要求自己才能进步。在情绪达到一个顶峰将要迸发的时候，也要先提醒自己冷静而礼貌地去处理。这又涉及一个沟通的问题。朋友之间难免有争议，当这个争议出现的时候，完全可以把问题摆到桌面上来并开诚布公地谈一谈。这不但有利于解决问题，还能增进感情。

炎炎是一个脾气比较暴躁的女孩子，也许是家庭的原因造成的。炎炎和妈妈的关系非常亲密，最喜欢和妈妈一起聊天。炎炎妈妈的脾气也比较暴躁，母女俩常常一言不合就吵起来。

炎炎上高一了，在一所半封闭式的学校，每周一到周四晚上都必须住在学校，只有周五晚上可以回家。炎炎一开始其实挺高兴的，因为她是一位比较独立的女孩子。炎炎认为，开始住校后，自己就是一个真正的小大人了，而且不用天天和妈妈吵架了。想来也是，每周只有周末才能回家，母女俩找话聊都来不及，哪里有时间吵架呢？

住进了宿舍后，一开始炎炎还觉得很新奇，白天和同学们一起去读书，晚上还可以开个卧谈会再睡觉。可是渐渐地，炎炎开始觉得不爽，因为同宿舍的两个女孩的一些小习惯让她很看不惯。小米很不讲卫生，总是把衣服攒到周末才带回家去洗。常常那些衣服放在阳台上都臭了，她还不愿意自己清洗。炎炎每次走到阳台上看到那一大桶的衣服时，总忍不住想要去踢上一脚。而小玉呢，性格娇气得很，只要有一点小的磕磕碰碰，就要死要活的在那里撒娇，大呼什么疼死了，还说自己在家里从来不会受这样的苦。为此，炎炎忍得很辛苦，她很想开口说一下这两位同学，可是想到大家认识刚不久，又不好开口。

可是，战争还是爆发了。某天，小玉回宿舍的路上，不小心绊了一跤，也没出什么事，连皮都没碰破。可是小玉一进门，就直接扑到床上大叫自己很疼，说是脚太疼，饭也不愿意去打，让同学帮自己打饭。炎炎这下看不下去了，直接就说道："有那么娇气吗？只是绊了一跤又不会死！还叫别人帮打饭，太懒了吧！"以小玉娇气的性格，怎么可能忍受得了同学这样的批评？听完炎炎的话，小玉怔了两秒钟，哇的一声就大哭起来。大家看到小玉哭了，都过来安慰她，同时指责炎炎说话太过分了。炎炎心里的那个委屈啊，就别提了。

在孩子和某位同学发生摩擦后，告诉孩子先静下心来，观察一下，是不是其他同学也认为你是对的，一点错也没有？如果不是，那么就该想一想，和同学发生摩擦的原因是不是在自己身上。首先要让孩子考虑一下，自己有没有尊重同学，有没有考虑他们的自尊心。不要一看到自己不喜欢的人和事，就不顾后果地吵起来。人无完人，说不定自己身上也有一些毛病是别的同学所看不惯的，如果大家都因为看不惯对方的一些事情，就大声嚷嚷，那么同学之间还怎么相处下去呢？

看一下，炎炎在和父母沟通后，接下来的做法吧。自从那天争吵后，炎炎决定每次洗衣服的时候，都邀上小米一起洗，并且告诉小米，衣服长时间不洗会生虫的。两个人一起洗衣服的时候还能一起聊天，这让她们都很快乐。另外，炎炎也向小玉道了歉，两个人和好如初了。经过那次事件，小玉也知道了自己的问题所在，打算慢慢改变自己娇气的性格。

学校的环境相对已经简单许多，没有工作上的钩心斗角，只有学生之间的小打小闹，别把这些放心上，也许过几年再回头看的时候，这些都只是一个笑话。快乐其实很简单，只要你让孩子开心胸去接受一切，快乐就无所不在。

心灵透视镜：

学会发现别人身上的优点，多以宽容的心去看待周围的人和事。在接受对方优点的同时，也要接受对方的缺点。告诉孩子，你看不惯他人，却不等于他人真的有错，有可能是自己的出发点与看法出现了问题。和你周围的同伴友好相处，才会给你带来好的心情。

第43堂课：丑小鸭也会变成白天鹅

——不要以外在的美丑阻碍人际交往

在你的孩子还在牙牙学语的时候，你会发现孩子是一个"视觉性"的动物，他们被一切有着鲜艳颜色的物品所吸引。当一个穿着花裙子的姐姐和一个穿着普通衣服的姐姐同时站在他们面前向他们伸出手的时候，他们大多数会选择扑到花裙子姐姐的怀里。因为那个年纪的孩子，总是喜欢以眼睛看到的外表来断定美丑。

因此当孩子长大开始步入青春期后，父母应该早点让孩子明白，不能以外在的美丑来阻碍人际交往。若孩子养成了以貌取人的坏习惯，那么将来就极有可能形成欺善怕恶、嫌贫爱富等不良品质。

顾倩喜欢一切美丽的东西，就好比如果她要买一把伞，她是不会在意那把伞质量的好坏的，只会在意是否好看。她的这种个性在与同学的交往中展现得淋漓尽致。班里有一位刚转学来的女孩子，长得非常漂亮，而且还特会穿衣打扮。从她转来的第一天起，顾倩就一直粘着人家，还带着少许讨好的意味。这女孩用白衬衣搭配黄短裤，第二天她也立即有样学样地穿来学校。拿同学的话说，就跟双胞胎似的。

可是对于班里那些长相一般的女孩，她总是爱理不理，觉得她们和自己不是一类的。同班同学小娜，因为小时候让开水烫到了脖子上，所以留了下一块很大的疤痕，顾倩对她很不屑一顾，常常在同学们面前讥笑她，说她衣服脏，身上也是臭烘烘的。因为顾倩的挖苦，小娜原本就很沉默的性格变得更加的自闭了。

那次，是去参加同学碧华的生日宴会。碧华是一位善良的姑娘，她把小娜也叫上了，因为她觉得小娜总是一个人很可怜，想趁此机会让她好好地和同学相处一下，特别是顾倩。可是顾倩却对此嗤之以鼻，觉得碧华真是多此一举。因此在生日宴会上，她非但不肯好好与小娜相处，反而还处处嘲笑她。宴会结束之后，大家一起结伴回家，一路上顾倩都很调皮，倒退着走路与大家聊天，这时候突然从角落里冲出一辆汽车，远远地就朝顾倩冲过来了，大家惊得目瞪口呆。而这时候，小娜却冲了上去，一把拽开了顾倩，两个人都倒在了一旁，这时候汽车擦身而过……顾倩还没从恐慌中清醒过来，却只听到小娜着急的询问声："顾倩顾倩你还好吗？没事吧？"顾倩一下惊醒过来，抱着小娜大哭起来。

从那以后，顾倩才明白，在小娜受了创伤的表面下有一颗无私而又善良的心。以前自己那么对她，她不仅没有记恨自己，还在关键时刻救了自己。而同时，顾倩也知道了一件事，小娜脖子上的伤，是因为小时候为了救自己的表弟，而让热水瓶砸到的。顾倩觉得以前的自己是多么的自私和可恶，她诚心向小娜道了歉，两人也因此而成了好朋友。

我们常常看到类似这样的故事：一位迷路的衣着破烂的老人在街头寻求他人的帮助，可是没有人愿意帮助他，嫌他年老而肮脏。终于有失业已久的年轻人带他吃饱了饭，并帮他报了警。几天后，这位好心人才知道自己帮助了一位千万富翁的父亲，而自己也因此得到了一份如意的工作。当然我们在帮助他人的时候，不应该带有目的性，但是往往就在不经意间你会得到一些意料之外的收获。

心灵透视镜：

外貌不佳的孩子本来就自卑，因此他们是很需要一个能接纳他的朋友的。外貌不佳不代表他能力不够，或是品质不行。不要急着从外表上去断定一个人的好坏，试着教孩子接触一些日子吧，敞开他的心扉，或许会收获一份纯真的友情。

第44堂课：放下虚幻的爱
——教育孩子远离网恋的陷阱

当网络时代来临的时候，随之而来的问题也越来越多，网恋就是其中的一种。现在几乎每位家长都给青少年配了计算机，本是想帮助他们学习的。可在学习的同时，自然也会延伸出其他东西。青少年处于青春期，出于好奇与爱追求时髦的原因，在通过聊天工具进行聊天的时候，就容易陷入网恋的旋涡里去，甚至还有孩子进行了"网婚"。如果说网络是一个生活的浓缩，那么网恋就是试验人性的场所。

据网上调查显示，近40%的网民坦言有过网恋的经历，而这40%里大部分竟是来源于青少年的。网恋为什么能吸引青少年呢？这是因为在网络里，孩子们可以抛开一切压力，充分的发挥自己的潜力。他们本来小小的一个优点，也许在网上就可以发大十倍甚至更多。他们可以更轻松地做事，能显示出强烈的个性来吸引异性的注意。在网络上，刚开始和异性接触的时候，彼此看不到对方的长相，不知道对方的真实姓名，因此都不会感到害羞。在这种相对公平的环境下，他们就愿意敞开自己的心扉，吐露自己的心事。同时，青少年们还认为，网络上的一切行为都是安全的，比如，和一位异性网恋，当发现不合的时候，点一下删除键，那么过去都不存在了。

另外，他们还认为在网络上可以寻求到自我的价值感。比如，平时成绩不好的学生，可以在网上塑造一个成绩拔尖的人物；一个平时常被人嘲笑胆小的孩子，可以把自己打造成一个大胆幽默的角色。这些都满足了青少年自己的价值感。

　　念高一的晓东最近越来越迷恋上网了，最重要的原因是，他在网上有了一个"情人"，一个家在台北叫玫瑰的女孩，这是晓东心里最甜蜜的秘密。玫瑰是个活泼可爱又善解人意的女孩，她也正好念高一。在平时的交谈中，玫瑰常常表露出对晓东的仰慕之情，这让晓东的英雄心理得到了很大的满足。每天晓东都要花一到两个小时的时间上网找玫瑰聊天，然后玩网游。接触了一段日子后，两人还在一个网络游戏里"结了婚"，在网络上成了一对"名正言顺的夫妻"。偶尔，晓东上网的时候，玫瑰不在线，他就一整天失魂落魄的，也不愿意和其他人聊天，更不愿意独自去玩网游了。

　　两人网恋半年之后，晓东才敢向玫瑰提出要看照片。玫瑰考虑了两个晚上后，终于把照片给晓东发了过来。照片上是一位明眸皓齿的女孩，脸上带着灿烂的微笑，用一双黑溜溜的大眼睛看着晓东。自从收到玫瑰的照片后，晓东每天花在网络上的时间也越来越长，因为怕父母发现自己在网恋，还经常跑到网吧去上网，只为了陪玫瑰一起玩游戏。与此同时，晓东的成绩也一路下滑……

　　很快，暑假就到了。晓东计划了很久的一件事情开始准备行动了：他打算到台北去看玫瑰！他为这个事情激动了很久，想到自己不久就要和心爱的女孩子见面了，连觉都睡不着。可是当晓东将这个想法告诉玫瑰的时候，她却想都不想就拒绝了。晓东不明白，玫瑰为什么要拒绝，难道她喜欢上了别的男孩了吗？在晓东的步步追问下，玫瑰突然从网络上消失了，无论晓东等得多晚，在游戏里逛上多久都找不到玫瑰。为此，晓东甚至想到了死，可是随之而来的真相，却让他回不过神来。和晓东还有玫瑰一起玩游戏的另一位朋友，因为实在不忍心看晓东一天一天这样找下去，向晓东说出了事情的真相。原来，玫瑰竟是一个男人，而且是一个结了婚的成年男人！晓东在这个网络游戏里非常出名，是玩游戏的高手，当时玫瑰刚加入游戏的时候，一无所知，知道了晓东这个人，就化身为一位女孩子来接近晓东，目的就是想让晓东带着他一起玩游戏，帮助他升级……而他给晓东传来的照片，自然就是在网上随便找来的陌生女孩的照片……

晓东遇到这件事还算是幸运的，因为总还是有好心人让他早早知道了真相。他无非就是会再难过一段时间，接着会离开网络一阵子，慢慢恢复过来，好好用功学习。但这网恋引发的种种事件并不是那么简单的，曾有这样一则新闻报道：两个十几岁的孩子网恋并见面后，女孩提出分手，男孩就拿出刀捅了女孩。另外，还有人专门吸引女孩子网恋，约出来见面后就将其拐卖……这种种因为网络而诞生的罪行，真是数不胜数，令人触目惊心。

青少年一旦开始网恋，就会完全沉迷于网络聊天或是网络游戏中，他们会挤出一切的时间来上网。与此同时，开始荒废学业。另一方面，相对于网恋，现实生活中的其他活动变得毫无吸引力，也就开始和人群拉开了距离。想起那句老话："远离网恋，珍惜生命！"所以，要教育孩子远离网恋的陷阱。

心灵透视镜：

青少年只看到网恋是一朵奇幻而美妙的罂粟花，却看不到花里面的毒。网恋会给青少年们带来负面的影响，不但影响学业的发展，同时还会影响到自己现实生活中的人际关系，甚至还会付出惨重的代价。

第45堂课：赠人玫瑰，手有余香

——告诉孩子，好人不难做

俗语说："人之初，性本善"，也就说是，人自出生起，本性都是善良的。只是当开始成长、懂事、接确社会后，本性就会随着欲望开始渐渐改变。在这个变化的过程中，有人做了好人，有人做了相对而言的坏人。

也许在孩子还小的时候，父母总会把一句话挂上嘴边，那就是"做个好孩子"。可是等孩子成长起来后，父母就开始给他们灌输这个世界的"险恶观"与"危机观"，只强调让自己的孩子如何努力地学习，以出人头地，却忘记了让孩子先学会做个好人。只有先成为一个好人，才是人之根本，他才会顺顺利利地走完自己的一生。

说到这里，也许会有家长叹口气："唉，好人难做啊！"其实不然。在我们身边就常常有这样的人：我们工作的单位里，有人尽职尽责地完成自己的工作，给身边的人以最大的帮助，有人提到他们时，最想说的一句话就是："他可真是个好人。"而孩子的身边也常常有这样的同学，他们热爱生活，天性乐观，不自私自利，用自己豁达的心去与其他同学交往。所以，事实上，所谓的好人，就是在自己的观念与思想下支配自己做的事，而所做的这些事，不违反道德规范，不侵犯他人的利益，并为自己以及社会创造了价值。因此，相对于那些伟人与强人，做个好人是我们普通人最应该先做到的事。

因此，青少年们在入学读书、提高自己知识的同时也要提高自己的道德智商。建立与巩固自己的人格魅力，建立一套正确的道德观，不做损人利己的事，以自己最平常的心来帮助有困难的同学。

沅青是在单亲家庭长大的孩子，在他小学四年级的时候，父母就离婚了，沅青跟着爸爸长大。从那一年起，沅青的性格就完全改变了，他变得不愿意与其他人交流和沟通，对周围的一切事情都是漠不关心的，因此，他身边几乎没有什么朋友。

上了高中后，沅青冷淡的性格越发明显了。女同学们都觉得他很酷，难以接近。男同学们则认为他是一个怪人，心理一定有疾病。当然，沅青并不在意这些，他只想安安静静地读完三年的高中后，到相对自由的大学校园里去生活。可是一件事改变了他。

那是高一暑假的时候，班里要组织夏令营活动。这个活动，除了老师带队之外，还需要找出三位同学担任队长和副队长。队长需要一名男生，负责帮助老师统筹活动，而两名副队长则需要一男一女来担任。在开班会确认名单的时候，队长很快就选定了由班长担任，而女副队长也选了一位平时比较能组织活动的女生担任。到了选男副队长的时候，大家就开始有争论了，有人认为副班长不错，有人则认为体育委员不错。大家争论这一切的时候，沅青一个人坐在角落里，一言不发地看着这一切。他心想："管他谁来担任呢，反正我自己保证自己的安全就行了。"可这时候，吴老师开口了："同学们先安静一下，我提议这个男副队长由沅青担任，大家认为呢？他是一个性格冷静的同学，应该可以好好处理好事情的。"吴老师说完这话，全班都安静下来，大家刷地一下全都望向了沅青，沅青也一脸的尴尬和不解，他实在弄不明白老师为什么推选自己。后来，同学们都同意了老师的建议。

在去营地的路上，沅青尽职尽责地做好自己的工作。他发现，只是自己的举手之劳，都会换来同学们的微笑和感谢。比如，他帮一位女生把很重的背包放到了车上，女生对他表示感谢之余，还硬塞给了他一个苹果。他帮助一位男生把忘记拉上的包包链给拉上……这点点滴滴，大多换来了同学们的一句话："你人真好，谢谢你！"到了营地，他帮助女同学们搭帐篷，帮助男同学们生火做饭……同学们惊奇地发现，这个平时不苟言笑的男生是多么的能干，很多其他同学不能完成的事情，他都能轻而易举地完成……

这次夏令营回来后，沅青和同学们的关系有了微妙的变化。同学们都很喜欢和他一起交谈，男生们约他一起打球，女生们好奇他是如何做出一锅美味的汤的……沅青的性格也慢慢发生了变化，他脸上的笑容越来越多了。在夏令营总结会上，当沅青看到吴老师投过来的笑容时，似乎有些明白老师的用意。

吴老师的这个做法很妙，他首先给予了沅青能力上的肯定，再接着赋予他一定的权力和责任。于是在这种肯定和权力的双重光环下，他们很愿意去努力完成自己责任之内的事，并且会做得很好。青少年在这样的锻炼下才能明白：与人交往不能太过冷漠与自私，只有想着去帮助别人，别人才会看到自己身上的闪光点。

与他人友好地交流是快乐的，孩子会在这种快乐中很快的提升自己，并从别人身上学到很多有用的东西。不要把自己给封闭起来，更不要只顾把自己的事情做好。拿出真诚的心，走到人群中去，在人群中提高自己的道德情商。

心灵透视镜：

　　在不伤害他人的前提下，尝试着去帮助他人，为他人服务。这样，当将来有一天，你的孩子也遇到困难的时候，你会发现，无需开口，边上就包围了一群愿意无私帮助他的朋友，这些朋友会给他欢乐、肯定和财富。

第46堂课：受一次伤，看透一个人，赚了

——教会孩子正确选择朋友

张亮的父母发现，张亮最近在日常的交流中，常常突然冒出一两句粗话，走路也是拖着鞋走。头发长了，也不愿意去剪，说自己要留长发，郑伊健在《古惑仔》里的造型就是自己的目标。张亮的父母一开始还以为孩子是因为电视看得多了，着了迷，才变得有些不同的，也许过些日子孩子的好奇心过了也就好了。可是有一天，张亮的爸爸突然发现张亮手上竟然有烟熏的痕迹！无论他怎么问，张亮都说自己不知道怎么粘到手上去的。甚至张亮的爸爸想要动武来迫使张亮说出实话，但他也不肯讲。

在某天，张亮爸爸下班回家的路上，看见了这样一幕：张亮和一群青年走在一起，衬衣敞开着，脚上穿着一双夹脚拖鞋，嘴上还叼着一根烟，对着路过的女孩子吹口哨！张亮的爸爸震惊极了，自己的孩子才上中学啊！什么时候变成这样的？他怒气腾腾地过去拼命把张亮往家里拽，回到家里还把张亮揍了一顿，问他怎么会交上这样的朋友，真是不学好。张亮对此一言不发，只是瞪着眼睛看着爸爸。后来，张亮更加的叛逆了，还学会了逃学。

张亮的父母急得不得了，找来了张亮当警察的叔叔来商量对策。张亮的叔叔开始着手调查了一下和张亮玩在一起的那群人的情况，发现，其实那是一群贪玩的青少年，不学无术、游手好闲，所幸还没有人触犯

过法律。而里面有一位带头的青年却是有一些武艺的，大家都很崇拜他。张亮之所以喜欢和那些青少年混在一起，就是想和那位带头的青年学一些"武功"，想让自己变得强一些。

知道这些以后，张亮的叔叔首先拜托了自己一位在医院工作的朋友，带着张亮去医院参观了呼吸科病房。在那里，张亮看到了很多患有各种呼吸疾病的人，这些人除了部分是因为工作的关系，很大部分人都是因为常年吸烟所引发的疾病。从医院回来后，张亮的叔叔从网上下载了很多青少年犯罪心路历程的故事。在翻看那些故事的时候，张亮的脸渐渐变了颜色，他从报道上看出，有的青少年因为交错了朋友，而成了杀人凶手。有的青少年因为一根加了毒品的烟而变成了"瘾君子"……那一个又一个的案例里，还有那些青少年无助与后悔的眼神……

交错了朋友不要紧，只要及时"刹车"，早点和不良少年断了来往，总是为时不晚的。父母应鼓励孩子多与优秀的人交往。在这里并不是教孩子去歧视别人，而是应当学会辨别好坏。

这个世界是一个"万花筒"，有形形色色的人，也会有各种各样的事。自己的孩子会不会认识不良少年，会不会跟着坏孩子走上犯罪的道路？这样的担心，一直到孩子们成了家、立了业，做父母的依然不会减少半分。

墨子在染坊看见工匠们将白色的丝织品分别放进各色染缸里，浸泡良久后取出，晾晒时就变成不同颜色的织物了。墨子顿有所悟，不觉长叹一声道："本来是雪白的丝织品，放到青色的染缸里就成了青色，放到黄色的染缸里就变成了黄色。用的颜料不同，染出来的颜色也不同。如果将白丝放到五种不同颜色的染缸里各染一遍，它就会改变五次颜色了。如此看来，染丝的时候，人们不得不谨慎从事啊。"

　　接着，墨子又从染丝的原理进一步产生联想：其实在人世间，不仅是染丝与染缸的颜料有关，即使是一个人、一个国家，不也存在着会染上什么颜色的问题吗？

　　涉世未深的青少年，当身处五颜六色的社会大染缸之中时，一定要牢记"近朱者赤，近墨者黑"的道理，择其善者而从之，让自己更健康地成长。

　　青少年因为年龄小，辨别和鉴赏事物的能力非常有限，不会像大人一样，经过两三次接触就能分得清谁是可以交的朋友、谁是应该远离的人。再加上他们兴趣多样，而且总是三分钟热度，转变得快，所以很容易被一些学校里或是社会上有过不良行为的少年所吸引。比如，一些学生宣称自己认识社会上的"黑社会老大"，并大说特说自己参加过打架事件等。这就会让一直生活在温室里的孩子们觉得：哇，好酷啊！很想和他做朋友。又比如，社会上的一些青年，瞄准了还在学校里的单纯的青少年们，因此会向青少年们表演自己的一些"特技"：可以很快地从别人身上偷到东西，会打各种各样的纸牌，在酒吧里也能玩得很开。这也会让青少年们觉得那是一个自己所向往的自由的圈子。在这样"羡慕"的心态下，就很容易受他们平时言语上的误导，和他们交上朋友并跟着做错事。

　　当发现孩子交错朋友的时候，父母切忌打骂、责罚、关禁闭等强硬的做法。这样做只会适得其反，让孩子的产生对立的情绪，使他与家人之间的"归属感"有所转移，将他与不良少年推得更进。明智之举是用智慧和耐心找出原因所在，对症下药，用关爱和信任去引导孩子走出歧途。另外，就是当发现孩子有了不良兴趣的时候，可以采取"兴趣转移法"，转变他们的兴趣爱好，为他们设定良好的环境，让他们在正能量的环境中做一些有意义的活动。

心灵透视镜：

全社会都有责任为青少年构建一个健康成长的环境，家庭就是中间最重要的一环。一个温暖而又充满爱心的家庭，孩子极少会"变坏"。青少年们也应该严格要求自己，不要被一些表面上的东西所吸引，应该要借助知识与父母去看到事情的本质。交到坏朋友没有关系，有一句话叫"亡羊补牢，犹未晚矣"。

第47堂课：追星是一种成长
——纠正孩子偶像崇拜的误区

　　追逐明星、崇拜偶像，这是每个人都会有的心态。小的时候，孩子们最崇拜的人是自己的父亲或是母亲。进了学校，孩子转而开始崇拜自己的老师，觉得老师说的每一句话都是对的。后来，开始被报纸杂志或是电视里那些光芒四射的明星所吸引。于是孩子们开始迅速选定一个最固定的偶像，到处收集这位偶像的资料、海报、专辑，打听与他有关的一切事情。他们或许从来不记得自己父母的生日，却清楚地记得这位偶像是什么血型，哪天过生日、最喜欢吃什么、最喜欢什么颜色、最喜欢什么动物等，都了解得一清二楚。房间里贴满偶像的海报，像护身符一样随身带着偶像的相片。当朋友或是父母否定这位偶像时，立刻翻脸。

　　他们把自己平时的零用钱攒下来，只为去看偶像主演的电影、买偶像的专辑、看偶像的演唱会。他们还会效仿自己偶像的衣着打扮以及头发的造型，力求做到一切以偶像为准。有些青少年还为自己的偶像迷失了心智，从2006年底媒体上大热的"杨丽娟追星事件"就能看出来。该女子疯狂爱慕刘德华12年里，她荒废了学业，还断绝了与同学朋友之间的联系。杨丽娟的父母多次劝阻无效后，出于对女儿的疼爱，开始纵容支持自己的女儿去追星。其父亲更是在与女儿一起赴香港，给刘德华写了一封信后，跳海自杀……这实在是太疯狂了。

秀秀是某位女歌星的粉丝，她是因为同学的"传染"在近几个月开始迷上这位女歌星的。于是，她开始大量收集以往的海报及专辑，更是以自己是一名粉丝为荣。她觉得大家为了一个偶像而聚集在了一起，有一种大家庭的感觉。刚开始的时候，妈妈也并不反对她喜欢女歌星，因为喜欢一个人或是讨厌一个人，那都是孩子的权利，自己不应该总是去干涉。可是渐渐的，妈妈开始有点受不了了。女儿每天开口闭口就是女歌星长得多么多么好看，歌唱得多么多么的好。就连晚上也要听着女歌星的音乐才肯做作业。妈妈为此劝了她很多次，说这样做会让她分心的，可她还是不听。

秀秀还常常去参加粉丝大聚会，大家共同讨论女歌星的新歌，并想着如何才能帮助到自己的偶像。在女歌星快要过生日的时候，大家还一起筹钱，想要给心目中的偶像送上一份礼物。更夸张的事还在后头呢，听说女歌星要开巡回演唱会，秀秀兴奋得不得了，开始想方设法地存钱。妈妈发现，她连早餐都不吃，就是为了把钱省下来去看演唱会。

女歌星的演唱会近期就要开了，可自己还是没有存够钱，于是秀秀想到了变卖自己的东西。她在拿出妈妈刚给自己买不久的耐克鞋和生日时爸爸送给她的数码相机要出门的时候，让妈妈给撞到了。在妈妈的追问下，她不得不说出了自己想变卖东西来购买演唱会的门票。

妈妈让秀秀先把东西拿回了房间，秀秀正趴在桌上哭的时候，妈妈进了房间，把5000块钱放到了秀秀的桌前。秀秀止住了哭声，愣愣地望着妈妈。妈妈微笑着说道："你想去看女歌星的演唱会，为什么不和妈妈商量呢？妈妈愿意给你钱去看的，去听一场音乐会不是什么坏事呀。对不对？"秀秀一下笑了，用力地点点头。妈妈这时候问道："告诉妈妈，你喜欢女歌星什么呢？"秀秀飞快地答道："我喜欢听她唱歌，喜欢看到她在台上认真唱歌的样子！"妈妈接着说："妈妈并不是反对你追星，可你最近的做法实在有点过分了。你上次考试，有将近一半科目是不及格的。以前你从来没有这种情况发生。这是为什么呢？因为你上课脑子里只想着要怎么去收集女歌星的海报，做作业的时候也不专心做，只顾着听音乐。现在更变本加厉地想要变卖东西。有些过分了吧？崇拜一个偶像没有错，可我们应该学习这位偶像身上的闪光点，你说喜欢女歌星在台上认真唱歌的样子，你也说了'认真'二字。那么你在喜欢她的同时，为什么不学习她对音乐的认真与执着以及对工作的努力呢？你好好考虑妈妈今天说的话吧。"

秀秀如愿以偿地拿着妈妈给的钱，看了偶像的一场演唱会后，慢慢恢复到了正常的学习状态中去，虽然她还是非常喜欢这位女歌星，但她选择了有理性地"追星"。

青少年追星从本质上来讲没有大错，只要可以保证自己不盲目疯狂地追星，不因为追星而耽误了学业，不滥花时间和精力在追星上，那么就放心地去崇拜一个明星吧。从他身上学习最适合你的闪光点，那么追星将会是一件很好的事，相信父母和老师也不会反对的。

父母对于追星的现象是不应该一棒子打死的，应该容许孩子有自己的偶像，但要教育孩子要"崇"之有度，不能因为追星而影响了自己的学习和生活。孩子们正处于身心成长的阶段，在这个过程中，偶尔会觉得迷茫和彷徨，对自己的将来不知道该如何定位。而这个时候，当一位受众人瞩目的明星出现在他们面前的时候，崇拜这些偶像则成了他们一种心灵的寄托，这个偶像也许会影响他们的人生价值取向。在青春期的孩子对事物的认知多是停留在感性认识的阶段，仅仅只想满足自己的感官享受。只要引导好了，追星也不是不可以的。

引导孩子正确追星的方法有很多，要根据孩子的实际情况采用最适合孩子的方法，千万不要采用强制的办法。强行禁止是要不得的，这很容易激起孩子的叛逆心理，另外，引导是一个过程，父母一定要有耐心。

另外，家长对孩子追星的行为不必那么担心。原因有两个，一是追星有时间性，孩子不会永远这样，一般过了20岁，就不会那么疯狂地追星了，开始沉静下来，做一些和现实生活相适宜的事情。二是追星体验对孩子的成长很重要。追星是生活的精神层面，这种疯狂的超越自我内心控制或者摆脱父母管理的感觉，会给孩子的成长带来很大的动力，他觉得活着是一件很愉悦的事。

一个孩子发展得好还是不好，就是看他从生活中得到快乐有多少。如果他总是感觉不到快乐，成长的意愿就会变得很弱，如果他随时都感到快乐和自我满足，就会觉得活着很美好，会努力更好地活下去。

心灵透视镜：

成功的明星都是值得尊重的人，他们通过自己多年的努力才获得了今天的成就。从正面去崇拜偶像，能正确地分析到自己偶像的优点和不足，从而追求明星身上的亮点，学习他们好的那一面，培养孩子积极奋进的精神。榜样的力量是无穷的，朝着自己理想的方向奋斗吧！

第 48 堂课：再富也要"穷"孩子
——教孩子理财，从管理零花钱开始

青少年也有收入，那就是零花钱，零花钱的多少决定了孩子的消费能力。孩子们因为零花钱太少而烦恼，而家长们也会为不知道该给孩子多少零花钱而烦恼。给得太少，怕孩子在和同伴们一起消费的时候显得自卑；给多了，又担心孩子花钱大手大脚，养成奢侈的坏习惯。因此，早些年就有专家指出，应该从 3 岁起就培养孩子的理财能力。对于这个观点，有的家长认为是不妥的，因为让孩子从小就过多的接触金钱，会让孩子变得世俗，染得一身的铜臭。这样孩子稍微懂事后，就光想着去赚钱了，还会认真学习吗？有的家长则有相反的想法，他们认为从小给孩子一些高的消费习惯，这样孩子长大了才会想法方设法努力地去赚钱。

其实这两种方法都是有失偏颇的。每个孩子来到这个世界上都要学会生存，而这个过程中自然而然地就包括了学习、生产、消费等。你不让孩子去接触金钱，那么孩子又怎么会知道生产消费的重要性呢？而让孩子形成高消费的习惯，那么将来孩子如不能满足高消费水平时，会不会去犯罪？这一切都很难说。因此，培养孩子的理财能力是非常重要的一课。

何梅在对零花钱的管理方面就做得特别好。当然并不是一开始就这样的，而是因为"MP3 事件"让她觉得应该要学会管理零花钱了。

何梅的父母每个星期都会给她一笔固定的零花钱，虽说不算很多，可解决她平时的开销绝对是够了。何梅几乎每到周五左右钱就花光了，她觉得无所谓，反正再等两天就有钱花了。因为平时想买什么，父母大多都会答应自己的要求。而最近，何梅发现班里好多同学都买了 MP3，那小巧的样子，携带方便，还可以随时随地的听音乐。何梅本来就是一个喜欢音乐的孩子，在同学们的刺激下，当然也想拥有一个 MP3 了。于是她像往常一样，向父母提出了自己的需求。可是这次出乎意料，父母却拒绝了她的要求。原来父母早发现了何梅喜欢大手大脚花钱的情况，一直想要治一治她的这个毛病，这一次刚好就是一个很好的机会。何梅妈妈对何梅说："MP3 可以给你买，不过要等你 5 个月之后的生日时才能买，你要是现在就想要，就自己攒钱吧！"等 5 个月？怎么可能！何梅可是个急性子。在她软磨硬缠了好几天后，父母依然坚定的拒绝她的要求，她只能死心了。

　　于是她开始计划着要攒钱。她算了一下，如果两个半星期不花钱，那么就能拥有 MP3 了。在列好计划后，何梅稍微有点小小的兴奋，因为可以靠自己的能力买到"大件"了。在接下来的两个多星期里，何梅虽然还是会忍不住买一些零食吃，但明显克制了许多。两周半计划虽然变成了三周半，可是当把那款心仪的 MP3 买下来时，何梅尝到了理财成功的喜悦。

　　从那以后，何梅学会了管理零花钱，不再像以往那样大手大脚的乱花，而是每周都固定往自己的存钱罐里存一些钱。当父母把一张属于她的银行卡放到面前时，她觉得自己长大了。

　　父母每次给的零花钱应该都有一个限额，花光了就没有了。同时，父母就是孩子的榜样。试想一下，如果父母都没有理财规划，只会乱花钱，那么又有什么理由去说服孩子呢？青少年只要做到了以上这几点，那么他们的初级理财计划就已经算是成功了。

家长在发现孩子有"消费恶习"时，要及时帮助他们进行改正，让孩子建立起"适度消费"的正确观念。使他们懂得自己还没有为社会为家庭创造出劳动和财富，读书与生活上的花费都是靠父母负担，所以应该学着体谅父母，学会计划性的消费与适当的存款。

心灵透视镜：

帮助孩子树立正确的金钱观念，不要有与其他人攀比的心理，不要总想着"别人有的我也想有"，更不要理所当然地认为，自己的零花钱花光了，父母就应该及时给予。不要过度地追求名牌，不要受到电视上广告的诱惑而乱花钱。培养属于自己的理财观，从中学习到新的知识。

第49堂课：圈子大了，快乐也就多了
——好人缘是这样炼成的

人缘是指通过人际交往形成的人与人之间的友好关系。而人际交往需要很好的沟通，这是每个人都应该具备的能力。尤其对于青春期的青少年来说，能够获得好人缘，就能够得到同学或朋友的肯定和接受，得到来自人群的鼓励，能够健康地成长于某集体中，这都能帮助青少年更好的发挥自己的才能和提升自己的人品。

陶乐是个淘气又霸道的孩子，经常以捉弄同学为乐，因此同学们都说他是人如其名，"陶乐陶乐，淘气才会快乐"。陶乐不仅喜欢捉弄同学，上课的时候也不好好听课，不是给同学扔纸条，就是喜欢说话扰乱同学，平时更是喜欢欺负长得弱小的同学，为人也有些骄傲自大，觉得大家都比不上自己，就是一个典型从小被宠坏了的孩子。因为这样，陶乐人缘一直不怎么样。陶乐却一直没有意识到自己人缘有多差，反而是自我感觉良好，因为他差使同学下楼替自己买零食的时候，很少有同学表示拒绝。

那是一次游泳课，班里需要分成五组来学习。可是分组的时候，一开始竟然没有人愿意接受陶乐和自己一组。在陶乐瞪大眼睛的威胁下，顾勇那组只得接受了他。一开始学习的时候，大家都挺和谐的，会游泳的同学教不会游的同学，泳池里笑声一片。可是过了一会儿，陶乐开始

待不住了，他左顾右盼，看有什么好玩的。这时候，看到班里长得比较胖的男孩许佳坐在泳池边上玩水，却怎么也不敢下水，他乐坏了，悄悄绕到许佳的背后，用力一推，就把许佳给推到了泳池里。听到扑通一声响，陶乐大笑起来，一边笑一边还大喊："快看啊快看啊，肥猪落水了！"大家顺着声音过来，却看到不会游水的许佳在水里挣扎着，他的腿还冒出了血。大家都吓坏了，有同学立即跳到水里，有同学大喊老师过来帮助……场面乱成一片。等老师和同学一起把许佳从泳池里抬上来的时候，陶乐也吓傻了，他本想戏弄一下许佳，没想到竟弄得那么严重，许佳的右腿在不停地流血！

　　送到医院里检查才知道，陶乐把许佳推到泳池里的时候，许佳的腿重重地打到了泳池边上，不但出了血，还造成了轻微的骨裂！许佳至少得在医院里躺上半个月才能出院。事情发生后，陶乐的爸爸急忙带着孩子到医院去给许佳及他家人道歉，并表示愿意承担医疗费。许佳的妈妈虽然没说什么，可是许佳爸爸的一句话让陶乐的爸爸惊醒过来，许佳的爸爸说："你再这么纵容你的儿子，将来弄出了人命，我看你怎么办！"

　　陶乐为了这事吓得不敢上学，可他的爸爸妈妈都不同意。经过这件事，他们都认为不能再纵容孩子了。陶乐来到教室后，发现大家都不理他，很多同学用怨怪的眼光看着他。有同学在路上遇到他，也马上离得远远的，像躲一个传染病人一样。陶乐难受极了，终于忍不住同坐在自己前面的同学说道："许佳不是都没事了吗？大家为什么还这样对我啊？"同学转过身来，盯着陶乐，大声地说："因为你这个人实在是太讨厌了！"其他同学听到这话也开始议论纷纷，都想把以前受的气一下子全撒出来："你这个人太自私了""还很骄傲""从来不为别人考虑""做什么事都只想到自己""做错了事还不敢道歉"……在同学们纷乱的批评声里，陶乐才知道自己在班里根本就没有人缘，当初同学们都不敢拒绝他的要求是因为怕他，而不是因为喜欢他。陶乐觉得，自己应该检讨一下自己为人处事的方法了。

那么如何才能帮助孩子获得好人缘呢？

一是要有一颗宽容的心。在与他人交往的时候，难免会磕磕碰碰。在和他人发生不同意见，或是同学们不小心伤害到自己的时候，不要对别人的过错耿耿于怀，给他人一个宽容的笑脸，就会拥有一个健康的人际环境。

二是尊重他人。不要对同伴们挑三拣四，尊重他人的劳动成果，不取笑他人。

三是乐于助人。每个人在生活中都需要他人的关怀与帮助，要珍惜那些在孩子困难时伸出援手的人。懂得珍惜就会懂得付出，就会在别人困难的时候伸出友谊之手。不一定是物质上的帮助才是最佳的方法，简单的举手之劳也能为孩子营造出一个轻松的人际关系网。

四是要心存感激。别人没有义务一直帮助你的孩子去克服困难。在得到他人的帮助后，要在心中常存一份感激，情感的纽带正是因为有了感激才会更加坚韧。

五是学会赞美。赞美不是拍马屁，不是口是心非地阿谀奉承，而是真心地去赞美对方。当同学、好友做了值得褒奖的事时，要让孩子毫不吝啬地给予赞美。真心的赞美会令友谊更坚固。

六是做错事要道歉和改正。曾子讲过："吾日三省吾身。"人应当经常检视自己是否做错了事，是否因为自己的过失而伤害了他人。当孩子做错事的时候，当他不小心得罪他人的时候，只要让孩子诚心地道歉，那么就会换来宽容大度的微笑，缓解彼此的关系。

七是主动做一些吃亏的事。生活中常有一些事大家都不愿意去做，这个时候如果你的孩子愿意去做，就能换来老师和同学们的掌声。记住，拒绝作秀式的"吃亏"。

真诚是打开心灵的钥匙。陶乐通过这件事知道了自己身上的不足，这还为时未晚。他可以在将来的生活中，尽力地去改掉自己的不足，争取获得好的人缘。

心灵透视镜：

好人缘是一个人的巨大财富，而建立良好的人际关系，收获好的人缘，并不是一朝一夕能形成的。要想真正地拥有好人缘就需要有执着的信念，也在于慷慨的奉献。

第50堂课：接受现实，过好今后的日子
——让孩子正确面对亲人的离去

面对亲人去世的变故，成人都尚且需要时间去修复自己，更何况是正处在青春期的孩子？伯林斯基和比勒在分析死亡对儿童和青少年心理发展的影响时，指出亲人死亡时周围情况的重要性。青少年与已逝亲人的关系、死亡发生的方式以及父母对亲人去世时的态度，都会影响到孩子对亲人去世的情绪控制。

很多孩子在亲人去世之后会出现一些不良反应：惊慌、多梦、绝望……失去了亲人的痛苦会以各种方式持续着。亲人的死亡使人有一种被抛弃感，与内心世界连接的客体的消失，会带来无助感。青少年对于家庭和亲人的依赖是用生理磁场来感性的，亲人突然去世，会使孩子的心理遭到创伤，刺激孩子脆弱心理。如果父母也一味地沉溺在悲伤中不可自拔，忽略了孩子的感受，孩子就会越来越自闭，有的还会出现不正常的行为。因为亲人亡故形成的创伤，孩子一般需要两三年的时间才能逐渐适应，如果不能及时给孩子心理疏导，这个时间就会变得更长。

现代生活中，很多人对于失去亲人的孩子都喜欢用怜惜的语句说道："可怜的孩子，这么小就失去了亲人，真是太不幸了。"这类看似好心的话，实际上却有可能给孩子造成反作用。他们会觉得自己真的很可怜，上天对自己真是不公平。当这种怨气在心里越积越多的时候，青少年们就变得很软弱，遇到一点挫折就会被打倒。

胡小玫从小生活在一个幸福的家庭里，父母有着一份不错的工作，一家人和和睦睦地生活在一起。而最疼胡小玫的就是奶奶了。奶奶不是一般的老人，她会唱歌、剪纸、讲故事，胡小玫从小就是听着奶奶讲的故事长大的。小时候，坐在院子里听奶奶讲故事，奶奶担心会有蚊子过来叮胡小玫，都会一边讲一边拿着扇子赶走胡小玫边上的蚊子。长大后，胡小玫一有什么不顺心的事，首先想到的就是找奶奶倾诉，因为奶奶总能耐心地听自己说完一大串的牢骚，然后讲出一些让胡小玫心服口服的道理。

　　胡小玫上了高中后，年迈的奶奶身体就越来越差了，常常生病住院，饭也吃得很少了。每次胡小玫看到奶奶微微颤颤的身影，鼻子就发酸。因此，胡小玫总是一到周末就到奶奶家里去陪她。现在换胡小玫给奶奶讲故事了，讲自己在学校里发生的趣事，讲自己因为马虎一跟头栽倒的糗事逗奶奶开心。每次奶奶都乐得哈哈大笑，一边拍着胡小玫一边说："真是个调皮的孩子！"胡小玫还最喜欢喝奶奶煮的汤，奶奶没有精力去长时间的煲一锅汤，却能在短短的十几分钟内煮出美味的汤。胡小玫总和父母打趣说，他们的厨艺和奶奶根本没法比。

　　这个周末，胡小玫像往常一样，放了学就往奶奶家里跑。可是到了奶奶居住的那个院子门前时，发现院子里不同以往的吵闹，喧哗的人声里还夹杂着哭声。她在门口看到爸爸妈妈也来了，而叔叔忙进忙出的不知道在忙什么。等她进到院子里时，看到了爸妈红肿的眼睛。妈妈一看到小玫，立即过来抱住了她，失声哭道："小玫，你再也没有奶奶了！"听到妈妈这句话，一种撕心裂肺的疼痛从心底传来，小玫不可置信地冲到奶奶的房间里去——没有看到奶奶。她惊慌极了，她多么希望妈妈说的是假话，是不是自己做错了什么事，妈妈要这样欺骗自己？可是当她进到大堂，看到那摆在中间的棺材时，才知道一切都是真的。她顿时大哭起来，抱着婶婶叫道："婶婶，奶奶怎么了？上周我来看她，她还好好的，怎么就没了呢？婶婶，怎么办啊？奶奶死了，我没有奶奶了……我以后该怎么办啊……"

小玫家乡的风俗是人死后3天才能出殡，而这3天里，死者的家人要守灵。这3天里，小玫就没停止过哭闹，好几次哭得缓不上气来。她看到奶奶剪的窗花还贴在窗子上，这让她怎么接受得了奶奶的死亡呢？奶奶出殡后，小玫依旧不肯上学，饭也不愿意吃，只要一有人提到奶奶，她的眼泪就忍不住流下来。

爸爸妈妈看到她这个情况很是担忧，可是孩子却不愿意听自己说话，怎么办才好呢？他们只得给小玫写了封信，信里这样写道："小玫，奶奶的离开，爸爸妈妈也很伤心，可是爸爸妈妈却知道生活仍然要继续，我们要更坚强更快乐地活着，奶奶才会开心啊。记得奶奶在世的时候，常夸你是个懂事的孩子，坚强而有毅力。难道你想让奶奶失望吗？奶奶虽然去世了，可你还拥有回忆啊，好好的生活吧，以此来怀念亲爱的奶奶……"正是这封信让小玫渐渐的好了起来。小玫知道，奶奶一定在天堂里微笑地看着自己生活，自己绝对不能让她失望。

人生无常，生老病死是人的必经阶段，我们应该告诉孩子，必须接受亲人已经去世的事实，以坚强乐观的心态去面对以后的日子。

心灵透视镜：

　　如果父母能够以自己坚强的态度和行为去影响感染孩子，那么他们也会变得坚强而有韧性，从而努力去摆脱因失去亲人而遭受到的挫折，以积极的态度去面对生活。孩子失去亲人的时候，更要明白一个道理：你的亲人都是爱你的，会在你伤心难过的时候和你在一起！